朝日新書
Asahi Shinsho 743

タカラヅカの謎

300万人を魅了する歌劇団の真実

森下信雄

朝日新聞出版

はじめに

「皆さん、宝塚歌劇ってライブでご覧になったことありますか」

講演に呼ばれてお話しするとき、私は最初に必ずこんな質問をします。すると、多くの方が「見たいんだけど、チケットが取れなくて……」とか、「ファンクラブに入ればいいのですか」というふうにおっしゃいます。

そうなんですよね。確かにタカラヅカのチケットは取りにくいんです。でも、人間って手に入れにくいものほど、余計に欲しくなりますよね。そんな人間の特性を上手に取り込んだマネジメントをやっているのがタカラヅカなんです。

今から5年前、2014年に宝塚歌劇は100周年を迎え、大いに盛り上がりました。普通ならいくら100周年といっても、数年も経てば落ち着きを見せるものですが、宝塚歌劇は違います。それから5年も経つのに、宝塚歌劇に対する世間の関心はむしろ高まる一方になっています。

実は私は、宝塚歌劇の主催者である阪急電鉄の元社員です。そして、1998年に歌劇団に出向して以来、2011年に阪急電鉄を退職するまでの間、宝塚総支配人を含むさまざまな担当として宝塚歌劇ビジネスに携わりました。15年には、『元・宝塚総支配人が語る「タカラヅカ」の経営戦略』を上梓し、その中で自分自身が携わった経営側から見た宝塚歌劇の戦略について分析しました。そして今では、宝塚歌劇を含めたエンターテインメント分野を研究対象とする学者になりました。

一般人の視線で宝塚歌劇を見ると、その不思議さは増す一方であるように思います。真っ先に頭に浮かぶのが、テレビCMなどの大がかりな宣伝をしていないのに、どうして年間300万人もの観客を集めることができるのかについてです。先述したように、100周年を過ぎても成長を続けているのです。

いったい、なぜ？　それを解明すべく筆をとったのが本書です。

経営者目線ではなく消費者の側から見た「タカラヅカ」を書きたいと考えました。すなわち、宝塚歌劇隆盛の要因を「謎」に仕立てて、それを解明しながら宝塚歌劇が人々を魅了する理由を明らかにするスタイルです。ビジネスモデルと受け手のファンを観察対象にして五つの謎を設定し、皆さんとともに謎解きをしてまいります。

そして最後には、宝塚歌劇隆盛の要因を分析していくと、これからの厳しいビジネス競争を勝ち抜くヒントがあることを取り上げます。「いいモノを作っても売れない……」と嘆いているビジネスパーソンは数多くいらっしゃると思いますが、そういう方々に大いに参考になると思っています。

それでは、宝塚歌劇のすばらしさを解明する旅を始めましょう。どうぞ最後までお付き合いください。

タカラヅカの謎　３００万人を魅了する歌劇団の真実

目次

第1章　タカラヅカとは何か

1. 観客動員「300万人」の隆盛

毎日どこかでタカラヅカ

この見出しの通り、限られた日を除いて宝塚歌劇は、ほぼ毎日どこかで上演されています。

なにしろ本拠地「宝塚大劇場」（兵庫県宝塚市）は毎年、「元日」に正月公演の初日が開きますからね。そして興行の中身も、主力の「宝塚大劇場」「東京宝塚劇場」、若手育成の「宝塚バウホール」、大劇場公演とは少し毛色の変わった演目を提供する「梅田芸術劇場」、さらには、本拠地へ来られないファンの方のための「全国ツアー」等の地方公演などなど。これらを組み合わせて、「花・月・雪・星・宙」（組ができた順番です）の5組が平等に、「清く正しく美しい」エンターテインメントを提供する——これが「宝塚歌劇ビジネス」です。

その年間公演回数は約１３００回！　後述する「ライブビューイング」まで含めると年間観客動員数は今や約３００万人に達しています！　宝塚歌劇は満席が「お約束」で、ほとんどすべての公演で「チケット難」が常識化しているのですが、そんな宝塚の「常識」を考慮にいれても驚くべき数字です。

さらに驚異的なのは、そのおびただしい数の公演のうち地方公演を除くほとんどすべてが「自主制作→主催興行」の形態をとっていることです。

「自主制作→主催興行」はエンターテインメントビジネスにとって、いかに「ハイリスク・ハイリターン」であるかはおいおい説明していきますので、ここでは宝塚歌劇がそんな「ハイリスク・ハイリターン」の興行形態をとっていることだけを理解しておいてください。そして、ハイリターンはどんどん得ているものの、ハイリスクが現実のものになったことは一度もありません。

１００周年の熱、いまだ冷めず

宝塚歌劇のスタートは１９１４年でした。２０１４年に「１００周年」ということでメディアでも大きく取り上げられましたので、覚えている方も多いと思います。

それから5年、「熱しやすく冷めやすい」日本人の性格からして、ブームは去ってしまったのかと思いきや、現実はまったく逆です。ブームの「高原状態」が続き、さらに進化しています。

宝塚歌劇をはじめ、興行、エンターテインメントの魅力とは、第一義的には「LIVE」だと思います。一度きりの体験を送り手と受け手が相互に共有する他にはない空間、それが観客がわざわざ「現場」に足を運ぶ目的であることは古今東西不変の法則であるはずです。

宝塚歌劇も当初は劇場での公演がメインでしたが、公演を収録したDVDを発売するようになり、2002年には衛星放送チャンネルを持つに至りました。「TAKARAZUKA SKY STAGE（タカラヅカ・スカイ・ステージ）」です。

スカイ・ステージ導入には賛否両論ありましたが、ちょうど阪急社内でも「宝塚歌劇は儲かる」との認識が深まってきたころで、導入機運が一気に高まり、順調に加入者数を伸ばしていきました。「24時間、365日」宝塚歌劇の世界観に浸れることがファンの心を捉えたのだと考えられます。

宝塚歌劇は大規模なテレビCMなどの宣伝を行いません。それがファンの「飢餓感」をあおり、新商品に飛びつかせたのでしょう。

そして今、宝塚歌劇の「ライブビューイング」ががぜん注目を集めています。

ライブビューイングとは演劇や音楽、スポーツなどの興行において、その実施会場からライブ映像を全国各地の上映会場に向けて配信し、有料で集めた顧客にその中継映像を披露するイベントのことを言います。サッカーのワールドカップといった国際的なスポーツイベントでは大規模に実施されていますね。

宝塚歌劇でも近年、このライブビューイングが大流行です。宝塚大劇場や東京宝塚劇場で行われている公演を同時中継するのです。

会場となるのは全国各地の映画館。宝塚大劇場や東京宝塚劇場ほどではありませんが、それでも結構なお値段がします。もちろん、このライブビューイングも「満員御礼」が続いています。

ライブコンサートまで！

２０１９年も宝塚歌劇の勢いはとどまることを知りませんでした。11月で宝塚歌劇団を退団した花組男役トップスター・明日海《あすみ》りおさんは6月下旬に宝塚歌劇主催では初となる「横浜アリーナ」で3ステージのライブコンサートを開催し、これもあっという間にチケットは完売しました。

通常ですと、トップスターの退団が決まると「ディナーショー」が開催されます。明日海さんに先立って10月に退団した星組男役トップスターの紅ゆずるさんは、退団公演の前に東西でディナーショーを開催しました。

ディナーショーは、ホテル阪急インターナショナル、宝塚ホテル、パレスホテル東京、第一ホテル東京といった東西の阪急系列や関係の深いホテルで開催されますが、これはこれらのホテルへの経営支援的な位置づけがあります。

ディナーショーの場合、席数はホール公演に比べて当然少なくなりますし、退団を控えたトップスターのショーであれば、チケットは引く手あまたです。つまり、ここでも「チケット難」が発生し、開催するホテルからみると、ほとんど販促コストをかけることなく満席になる、非常に利益率が高いイベントになります。

通常なら今回の明日海さんの場合もディナーショーの開催が検討されたはずですが、国内外のトップアーティストが使用する横浜アリーナでのライブ公演開催になりました。この公演の千秋楽でももちろん「ライブビューイング」が実施され、現地に行けない全国のファンが楽しみました。

なぜ明日海さんにはこのような華やかな「プレ・サヨナラ公演」という特別な興行が用意されたのでしょうか？

それは2014年5月の就任以来、男役トップとして長期間にわたって主演を張り続けてきたことと、なんといっても宝塚歌劇団を構成する五つの組（花組、月組、雪組、星組、宙組）の中では特別視される「花組」を率いていたことと無関係ではない気がします。

つまり「トップ・オブ・トップ」の集大成にふさわしい舞台を歌劇団が明日海さんに用意したのだと考えられます。

そこで思い出すのは、明日海さんと同様のパターンで退団への道を歩んだ「真矢みき」

（現在は真矢ミキ）さんのことです。

彼女は1995年に花組男役トップスターに就任し、当時は珍しかった「長髪」をなびかせ、アドリブを軽快にこなし、舞台衣装の着こなしもメイクも「真矢みき流」を貫いた異色のトップスターでした。

そんな彼女のために、歌劇団は退団公演直前に、歌劇団初の「日本武道館公演」の舞台を提供しました。相前後して篠山紀信氏が撮影した写真集も発売するなど、「タカラヅカの革命児」と呼ばれるのにふさわしい最後でした。彼女は今もテレビドラマやバラエティーショーに引っ張りだこの活躍ぶりで、宝塚ＯＧとしては天海祐希さんと並ぶ人気女優になっています。

閑話休題。真矢ミキさんとの共通点から、明日海さんがいかに特別な存在であったのかがわかりますね。

音楽学校も話題に……

宝塚歌劇を取り巻く「熱狂」を語るとき、忘れてはならないのが「宝塚音楽学校」の存在です。

宝塚音楽学校とは、1913年に設置された宝塚歌劇団の団員養成のための2年制の教育機関です（当初は宝塚唱歌隊）。

宝塚歌劇団入団のためには、この学校を卒業することが絶対要件で、毎年定員（現在は40名の場合が多い）の約20～30倍の応募があり、一時は「東の東大、西の宝塚」といわれたほどの「超難関校」となっています。その入学試験は毎年3月末に行われ、4月に入学式、2年後の2月に文化祭、3月に卒業式と同時に宝塚歌劇団入団、というのが主な年中行事となります。

本来、地味な存在であるはずの音楽学校も、宝塚歌劇にあってはとても注目される存在になります。特に芸能人をはじめとする各界の著名人の親族が入学すると、大きな報道ネタになり、定期的に音楽学校の存在がクローズアップされる仕組みです。

目下（2019年11月現在）の最大の注目は、19年3月に音楽学校を卒業、4月に宝塚歌劇団で初舞台を踏んだ、元プロテニスプレーヤー・松岡修造氏の長女「松岡恵」さん（芸名・稀惺《きしょう》かずと）の「これから」ですね。初舞台生公演を経て「星組」（私がかつてプロデューサーを務めた組です）へ配属されました。

今後、男役トップスターを目指して長い闘いの日々が始まったわけです。ただ、2年前の音楽学校入学当時から常にファンの間ではその一挙手一投足が注目されていました。卒業間近の文化祭では主役を務めたこともあって、テレビや新聞報道でも頻繁に取り上げられるなど、将来の活躍はかなり有望とみるのが自然です。

弱点が見当たらない

というわけで、一般企業では、いわゆる「周年行事」が過ぎると熱が冷め、業績に暗雲が……となりかねないところですし、2020年に迫った東京オリンピックにしても、開催が決定した直後から、終了後には必ず大不況が到来するなどといった暗い話題が渦巻いています。

ところが、こと宝塚歌劇に限っては100周年を過ぎ、105周年の現在に至っても、いまだその熱狂ぶりにはいささかの懸念もなく、むしろ観客動員は公演だけで年間277万人（2018年）となお一層成長を続けています。正直驚きを隠せません。

私は今では経営学を専攻する学者の端くれですが、その専門的見地に照らしても宝塚歌劇には全く弱点というものが見当たりません。

長らく日本のエンターテインメント界を牽引してきた「ジャニーズ事務所」に若干の綻びが見え始めているのはご承知のことと思いますが、宝塚にはそういったところがみじんも感じられないのです。

なぜなのでしょうか。

そうです、それこそ本書を書いた目的です。順を追って皆さんと一緒に考えていきましょう。

2.「宝塚歌劇」の基礎知識

いったい「宝塚歌劇」とは何なのでしょうか。本書をお読みの読者の中には、宝塚大好きの「タカラヅカファン」から、宝塚についての知識をまだあまり持ち合わせていない初心者までいろいろな方がいらっしゃることと思います。

ここでは、この後本書を読み進めていただくうえで必要となる宝塚歌劇の基礎知識を紹介していきます。

ここでお読みいただいた基礎知識をベースに宝塚歌劇に関するさまざまな「謎解き」を進めていきますので、初心者の方には宝塚歌劇の基本的な仕組みを理解していただき、タカラヅカファンの方にも確認の意味でご一読をお勧めします。

宝塚歌劇の誕生

宝塚歌劇は阪急グループの創設者である小林一三《いちぞう》翁により1914年にその歴史をスタ

ートさせ、現在それから105年を経過しています。

その本拠地である兵庫県宝塚市って兵庫県のどのあたりにあると思いますか？　地図を見ていただければわかりますが、大消費地である大阪からも、神戸からも、ましてや京都からも少し離れています。そう「郊外」です。

宝塚歌劇の東の中心地「東京宝塚劇場」が東京の、いや日本の中心、東京都千代田区有楽町に立地しているのとは対照的です。大阪のど真ん中である梅田から電車で約40分もかかる郊外に、世界で通用するエンターテインメントブランド「タカラヅカ」は今も昔も立地しているのです。

1914年に宝塚歌劇は産声を上げましたが、創設者の小林翁はいかにして宝塚歌劇を生み出したのか、ご本人の回想から確認してみましょう。以下は1953年に発表された『逸翁自叙伝』に拠ります。

1910年に開通した箕面有馬電気軌道（現在の阪急宝塚線）の終着駅である宝塚に、小林翁は1912年にレジャー施設である宝塚新温泉「パラダイス」を開業させました。

パラダイスは鉄道の旅客誘致を目的とした施設で「最新式の水泳場を中心にした娯楽

場」として開設されましたが、「この水泳場は大失敗であった」と小林翁は自叙伝の中で語っています。

そう、タカラヅカは「失敗」から始まったんですね。その理由は、屋内プールで水温が十分に確保できなかったことだったそうで、そのためにこの施設は早々に閉鎖されてしまいます。

「その跡始末に困った」小林翁は、当時大きな評判を呼んでいた三越呉服店の「少年」音楽隊に目をつけ、「宝塚新温泉もこれを真似て三越の指導を受け、ここに唱歌隊を編成すること」を着想します。

何と最初はモノマネだったんですね！　そして、使われなくなったプールの水槽に板を張って客席に、脱衣場を舞台に、2階見物席も桟敷にそれぞれ改造して急造の劇場空間としたのです。

小林翁は当時を振り返って、「その頃、私には何等の確信もなかったのである」が「一番無事で既に売り込んでいる三越の少年音楽隊に競争しても、宝塚の女子唱歌隊ならば宣伝価値満点であるという、イーヂーゴーイングから出発したものであった」と述べています。

まさに小林翁の思いつきで宝塚歌劇は始まったわけです。「災い転じて福となす」とは、このようなことをいうような気がします。

宝塚大劇場と東京宝塚劇場

続いて、宝塚歌劇の本拠地である宝塚大劇場と東京宝塚劇場についてご紹介しましょう。宝塚大劇場（兵庫県宝塚市）は席数2550席、東京宝塚劇場（東京都千代田区）は席数2065席の、いずれも宝塚歌劇専用劇場です。宝塚大劇場は阪急電鉄の自社所有ですが、東京宝塚劇場は東宝株式会社の所有で、阪急が東宝から劇場を借りて公演を行っています。双方の劇場ともに生オーケストラ演奏で行われ、両方に宝塚歌劇にはなくてはならない次のような舞台装置が同じようにしつらえられています。

・**銀橋**……本舞台前面のオーケストラボックスと客席を隔てるエプロンステージ。公演ではそれをスターが渡るのがウリの一つになっています。
・**大階段**……宝塚歌劇の象徴。全作品のフィナーレに必ず登場する26段の舞台を埋め尽く

宝塚大劇場（上・兵庫県宝塚市）と東京宝塚劇場（東京都千代田区）

す舞台装置のことです。普段はしまわれているこの階段を準備するのに、約2分20秒かかります。

・**盆**……舞台のシーン転換などの演出に一役買う回り舞台

・**せり**……舞台面が上下する構造、宝塚歌劇では特に演出で多用

すでに冒頭で述べたことですが、宝塚歌劇興行上の最大の特徴は、宝塚大劇場並びに東京宝塚劇場公演がすべて阪急の「自主制作興行」かつ「主催興行」であるという点です（この二つの劇場での公演は「本公演」と呼ばれています）。

再び強調しますが、これはエンタメ界では誠に珍しい存在と言えます。宝塚歌劇は、自主制作・主催興行路線を明確に打ち出し、それを実現可能とするシステムを構築しているのです。

そして宝塚大劇場並びに東京宝塚劇場は双方それぞれに年間100万人に近い、あるいはそれ以上の観客動員を記録しており、歌劇事業全体の年間観客動員数約300万人の約7割を両劇場の動員で占める、まさに事業の要となる存在です。

東京宝塚劇場の興行権（主催権）は長らく東宝株式会社に握られていましたが（東宝とは、東京宝塚の略、阪急と同じ小林一三翁が創立者）、２００1年の新東京宝塚劇場オープンを機に全面的に阪急が主催権を確保し、歌劇事業の収益力アップを通じて阪急グループにおける歌劇事業の一層の地位向上につながっています。

五つの組と専科

宝塚歌劇団に所属する役者（宝塚では「生徒」と呼びます）は入団後「花組」「月組」「雪組」「星組」「宙組」の五つの組に配属されることになっていて、構成人数は各組約80名程度となります。

ほとんどの生徒が退団まで同じ組で活動するのですが、組の新陳代謝を図ったり、スターのばらつきを平準化したりするために、定期的に「組替え」（組間の生徒の人事異動）が実施されます。

将来を嘱望されているスターや、一方で少し勢いが落ちてきたスターが組替えの対象になると、ファンの間でさまざまな臆測が飛び交います。

またベテランとなり、歌唱、ダンス、芝居などの分野で卓越した技術を持つ生徒は組を離れ「専科」に所属することがあります。専科生は特定の組に所属しないで、作品制作を担当する演出家の希望によって不定期にさまざまな組の歌劇作品に出演することになります。しかしながら、若手の生徒ではこなせない「老け役」を演じるなど貴重なバイプレーヤーとして活躍しています。

宝塚歌劇の公演パターンは、宝塚大劇場での公演に引き続いて東京宝塚劇場公演が同一演目にてセットで実施され、この宝塚歌劇のベースとなる公演を五つの組が順番に担当していくことが基本中の基本です。

また、宝塚、東京それぞれ1公演の期間は1カ月程度で組によって大きく差がつくことはありません。

五つの組で人気＝観客動員数に差が出るのは必然ですが、歌劇団にそんなことを気にする雰囲気はありません。宝塚歌劇最大の儲けどころといわれるトップスターの「サヨナラ公演」でさえ、公演期間は通常公演と同じ扱いになっています。

公演システム

続いて宝塚歌劇の公演システムについてご紹介しましょう。

宝塚歌劇の公演は、年9回（2017年）の「宝塚大劇場公演」→「東京宝塚劇場公演」を各組年1回から2回担当していくことがベースになります。宝塚大劇場公演と東京宝塚劇場公演は基本的に、上演する組に所属する生徒全員が出演します。

そしてその合間に「宝塚バウホール公演」「全国ツアー公演」「博多座公演」「梅田芸術劇場公演」といったその他の公演が随時実施されていきます。

その際に組はトップスターが主演するチーム（全国ツアーや梅田芸術劇場公演等）と、2番手以下のスターが主演するチーム（宝塚バウホール公演や梅田芸術劇場シアター・ドラマシティ公演等）に分割されるのが基本です。

つまり、分割されたことによって、それぞれの公演の出演者数が減ることになるため、中堅や若手のスター（候補）の「番手」が繰り上がって見せ場が与えられ、そこで成果を上げることができれば次の大劇場公演での飛躍が期待できる……といった重要な公演と位置づけられています。

重要な公演といえば、宝塚大劇場公演、東京宝塚劇場公演における「新人公演」の紹介は欠かせません。

なにせ次の項目で紹介する「スターシステム」のいわばスタートラインにあたる公演なのです。ただし、この「新人公演」は宝塚大劇場公演、東京宝塚劇場公演でそれぞれたった1回しか上演されない「超レア」な公演です。

「新人公演」は、宝塚大劇場（東京宝塚劇場）で上演される前物（お芝居）と同じ演目を、その組の入団7年目以下の若手のみで行う公演です。従って、本公演における「トップスター」の役を担当する若手スターが登場することになります。

本公演の稽古が始まると同時に、新人公演の配役も発表され、若手は本公演の稽古と並行して新人公演の稽古もこなしていくハードワークになります。そこでは、演出家（本公演担当の演出助手が務めるのが通例です）の指導があるのはもちろんですが、トップスターをはじめとする本公演の役者からの指導も当然入る、気の抜けない稽古が展開されることになるのです。

なぜかといえば、長い宝塚歌劇の歴史の中で、男役トップスター経験者は（2000年代の雪組トップスターの朝海ひかるさんを除いて）全員がこの新人公演の主役を経験しているからなのです。従って東西たった1回ずつの公演ではあるものの、トップスターの役を担う若手スターにとっては、失敗の許されない大切な公演となるのです。

スターシステム

宝塚歌劇の仕組みの中で特筆すべきものが、五つの組それぞれ「トップスター」を頂点とする「スターシステム」で、1980年代に確立されたと言われています。各組に男役・娘役それぞれのトップスターが君臨し、以下2番手、3番手……というように序列が比較的明確になっているシステムをさします。そして、歌劇作品の配役は基本的にその序列に沿って割り当てられるのです。

「男役10年」と言われるがごとく、宝塚歌劇団入団から一歩一歩確実にその序列を高め、最終目標たるトップスターの地位にたどり着く「必然的」なステップが存在しているわけです。

なかでも男役トップスターの存在感は飛びぬけていて、宝塚歌劇の作品はその男役トップスターの特徴が際立つように「あてがき」されています。

「あてがき」とは、トップスターをはじめとするスターたちの良さが最大限舞台で表れるように、脚本が書きあげられることをさします。従って宝塚歌劇の脚本・演出は、トップスターの特質、長所を知り尽くした歌劇団の「座付き」演出家が務めることが基本となります。

またトップスターになる要件としては、歌、ダンス、芝居等の実力だけでは不十分で、容姿、スター性（いわゆる「華がある」存在感）、そしてなんといっても人気が大きなカギを握ります。

「ベルサイユのばら」が分岐点

今でこそ年間300万人の観客動員を誇る宝塚歌劇ですが、105年間ずっと隆盛を誇っていたわけではありません。むしろ観客の入りもいま一つで、公演によっては空席が目立つ時代のほうが長かったといわれています。

皆さんは宝塚歌劇と聞くと、何を連想されますか。いろいろな答えが出てきそうですが、やはり最も多いのは「ベルサイユのばら」ではないでしょうか。そう、「ベルばら」が宝塚歌劇にとっては大きな分岐点になりました。

「ベルばら」は1974年の初演以来、通算観客動員数が500万人を突破している宝塚歌劇史上最大のヒット作品です。

残念ながら宝塚歌劇のオリジナル作品ではありません。漫画家の池田理代子先生がお描きになった原作をミュージカル化したものですが、逆にそれがよかったようです。原作のファンが、宝塚歌劇になった「ベルばら」を見るために大挙して劇場にやってきたからです。

顧客層が広がってファン層が拡大したことは、宝塚歌劇の事業構造に大きなインパクトを与えました。オールジャパンで通用する真のメジャーになったのは「ベルばら」以降といえますし、何より大きいのはスター（役者）とファン（顧客）との関係性に変化が生じたことでした。

従来のファンはスターを本名やそのニックネームで呼ぶのが通例でしたが、「ベルばら」で新規参入したファンの中には、「オスカル」「アンドレ」など、「ベルばら」の役名で呼ぶファンも少なからずいたといわれています。また、ファンクラブが出来ていったのも「ベルばら」以降ではないかといわれています。

いずれにせよ、宝塚歌劇が不入りの時期には「ベルばら」を上演すれば必ず満員になるため、「困ったときのベルばら」などと称され、「ベルばら」が上演された直後の宝塚音楽学校受験者数が大きく伸びるなど、宝塚歌劇のまさに象徴となっています。

2019年は初演から45周年ということで記念イベントも開催されました。

「虚構」から始まるユニークさ

もう一つ、ここで宝塚歌劇の基礎知識として最も重要な点を指摘します。

それは、宝塚歌劇は「虚構」からスタートしているという点です。これがさまざまな謎を解いていくカギになるのですが、虚構といってもそれは「うそ・偽り」という意味ではありません。そうではなく、「この世に存在しないもの」「現実的でないもの」といったところです。

ご承知のように、宝塚歌劇の象徴とは「男役」トップスターです。「女性が男性を演じる」のが宝塚歌劇の最大の特徴であり、究極の差別化ポイントです。ですから、男役トップスターは「虚構」そのものです。虚構であるがゆえに、演出家がどのように男役を脚色してもファンたちに違和感はありません。むしろファンにしてみれば、「妄想」という名の「介入」の余地が生じます。

3. 浮かび上がる謎

ここまで、この本を読み進めていただくにあたっての基礎知識をご紹介しました。浮き沈みの激しいエンターテインメント業界にあって、100年を超えてビジネスとして成立し、さらに進化している宝塚歌劇のような例は世界でも稀だと思います。その理由はいったいどこにあるのでしょうか？

エンターテインメントには演劇だけでなくプロスポーツ等も含まれ、各種イベントが目白押しのなか競争はますます激しさを増していっています。しかし、宝塚歌劇はそんな影響を全く受けず、「ブルー・オーシャン」（競争のない状態のこと。一般的な市場は、常に競合他社との競争状態にあるため、血の海を意味する「レッド・オーシャン」だと言われます）を謳歌しています。

その理由はいったい何なのか？　それを探るために歴史的経緯も絡めたビジネスモデルや、「ファン気質」とでも言うべきファンたちの特徴を追っていくと、さまざまな謎が浮かび上がってきます。

小林一三翁の思い

今や日本を代表するエンターテインメントに成長した宝塚歌劇が、阪急グループの創始者である小林一三翁によって創設されたことは、すでに前節で紹介しました。そして今でも宝塚歌劇の興行主催者は、小林翁がつくり上げた阪急グループの要である「阪急電鉄株式会社」のままです。

小林翁は、歴史に名を残す大経営者です。鉄道をベースにした宅地開発・分譲、デパート・スーパーといった流通事業、沿線に遊園地、野球場等のレジャー施設展開といった多角経営は日本の鉄道事業のモデルとなり、阪急の成功以後、東急や西武といった在京の私鉄各社の経営に大きな影響を与えました。

また、ターミナル駅に大型商業施設、すなわち「ターミナルデパート」を配するのも日本の私鉄の特徴の一つですが、その先駆けとして大阪梅田で「阪急百貨店」の創業を手がけたのも小林翁でした。

小林翁は華々しい企業経営の実績だけでなく、戦前に「商工大臣」を務める等、政治の世界でも活躍した傑出した経営者でした。

事業展開における採算面には特に厳しく、先に紹介した阪急百貨店では、いきなり阪急本体で百貨店事業に取り組んだのではありませんでした。最初は東京に地盤を置く「白木屋」という業者に梅田駅（現・大阪梅田駅）の建物を貸し、そこで百貨店事業が採算に乗るかどうかをテストさせ、儲かることを確認したうえで直営化したのです。

こうした手法から、小林翁は新規事業には細心の注意を払い、数字にも細かい経営者だったのだろうと想像することができます。そして、そんな創設者が生み出した宝塚歌劇ですから、さぞ最初から「大儲け」を狙っていたのかと思いきや、実はそんなことは全くありませんでした。

事業を開始した当初の宝塚歌劇は意外にも事業単独で儲けを出さなくても構わない、と位置づけられていました。百貨店事業への進出とは大違いですね。小林翁ほどの経営者が、何か特別な理由がない限り、このような状況を許すわけがありません。

小林翁は宝塚歌劇について、次のように発言しています。

「宝塚は学校も歌劇団も利益のみを目的として存在しているのではなく、むしろ欠損を覚悟して、将来の新しい劇芸術の大成のために勉強し努力しつつある」（『宝塚漫筆』）

小林翁のような偉大な経営者が「むしろ欠損を覚悟して」と語っているところに注目してください。ビジネスとして利益を出すことと並行して、当時の宝塚歌劇には「新しい劇芸術の大成」という小林翁の「夢」があったということですね。

宝塚歌劇はその特異性ゆえに小林翁の想像をはるかに超える進化を遂げていくことになるのですが、それには小林翁の思いが深く投影されていそうです。

レジャー施設としてつくったプールが失敗し、その穴を埋めようと三越の「少年」音楽隊をまねて女子唱歌隊をつくったのですが、それが赤字を出してもいいと言うほどの「夢」を小林翁に感じさせたのはなぜだったのでしょうか。「小林一三翁の思い」、これが第一の謎です。

ビジネスモデルの秘密

「新しい劇芸術の大成」という小林翁の夢の実現と、ビジネスとして成立させるために必要となる利益の創出、この二つを両立させるには大きな困難がつきまとうことが容易に想像できます。「欠損を覚悟して」いたとはいえ、実際に赤字が常態化し続けたとしたら、小林翁といえども宝塚歌劇を守り続けることはできなかったでしょう。

昔から芸術の大成のためには、背後に強力な「パトロン」が存在していて、芸術家の育成に関してそのパトロンが物心両面で面倒を見るというのが一般的でした。

その観点からいうと、宝塚歌劇を「器」にたとえると、パトロンとしての小林翁が自由に使いまわせる「器」が阪急グループの中にあり、それに事業継続に必要な最低限の利益を創出できるようなビジネスモデルを備えさせていった、と見ることができるでしょう。

私はそのビジネスモデルこそ、宝塚の地ですべてが完結する「一気通貫体制」にあると思っています。これは、演《だ》し物の台本作成から衣装や大道具の製作、そしてチケットの販売促進や劇場経営まで、すべてファンの要望をかなえるべく整備された自前のシステムが宝塚には存在しているということです。

一気通貫体制の最大のメリットは「コストダウン」にあります。歌劇をつくって演じていくうえで、できるだけ費用がかからない体制をつくり上げたのです。それこそ最低限の利益を創出するための仕組みにほかなりませんでした。

しかし、それで終わらないのがタカラヅカのすごいところです。この一気通貫体制からは、単なるコストダウンにとどまらず、タカラヅカをタカラヅカたらしめているシステムや慣習が次々に出来ていきます。

これがタカラヅカを読み解く第二の謎です。ここでも「瓢箪から駒」は起こったのですが、なぜそんなことができたのか。第3章で詳しく見ていきますが、それが解明できれば宝塚歌劇事業が今や阪急の屋台骨を支える大きな柱の一つになっていることが理解できると考えます。

なぜロングランしないのか

また、宝塚歌劇の特異性の中で、一般的に最も理解しがたいのがロングランシステムという演劇業界では当然のビジネスモデルを「あえて」採用していないことです。ロングランシステムとは、同じ演目を客が不入りになるまで期間を定めず継続して上演するシステムで、皆さんご存じの劇団四季や演劇ビジネスの本場「ブロードウェイ」もこのシステムを採用しています。

ロングランのシステムを使えば、いったんヒットが出たら、しばらくの間、ウハウハのビジネスを行うことができます。書籍のベストセラーとまったく同じ構造です。最初にかけた固定費を回収できてしまえば、本で言えば「あとはお札を刷っているようなもの」ですし、演劇でも「チケット収入の大部分」を利益とすることができます。

一つの演目でより多くの利益を上げるためのシステムなのに、なぜ宝塚歌劇は「あえて」採用しないのか？　大変興味深い謎ですよね。そこには、事業継続のためには目先の利益よりも大切なことがあるという主催者側の信念が隠されているのです。この点は第4章で詳しく見ていきたいと思います。

タカラヅカを支えるファン

宝塚歌劇の謎、それは上記のようなビジネスモデルに端を発するものだけではありません。それはいわば「生産者側」から見た側面にすぎません。従って、もう一方の「消費者側」の視点から分析することも重要になります。なぜなら、古今東西、長く続くビジネスには企業と顧客との間で絶えざる新しい価値を共同で創り上げていく「価値共創」が繰り返されているからです。企業からの一方的な押しつけでなく、企業と顧客との「双方向のコミュニケーション」によってビジネスが拡大していく。それを消費者側の視点から分析すると、宝塚歌劇の別の謎が浮かび上がってきます。

100周年の話題性がしぼんでいくどころか、ますます事業として隆盛を極めていく。かといって派手な宣伝を実施しているわけでもなく、トップスターの退団以外は基本的にニュースネタにもならない――そんな宝塚歌劇の謎を解き明かすための最も重要なキーワードはずばり「ファン」です。

宝塚歌劇の繁栄を支えているのはファンであり、そのファンとは何か、どのような存在なのか、何が他のエンタメのファンと違うのか、などといったところを分析しないと宝塚歌劇を理解することはできません。

一般的なファンとの違いを取り上げれば、例えば毎日行われる劇場楽屋前での「入り待ち・出待ち」が象徴的です。一糸乱れぬ「お約束」の挙動。タカラヅカに不慣れな方がご覧になると違和感をお持ちになるかもしれませんが、これがまさにタカラヅカファンの一つの見せ場となるのです。そして、その構造、内実を分析していけば、宝塚歌劇繁栄のヒントが十分詰まっているのです。

宝塚歌劇の代名詞ともいえるものに、「どこでも満員」があります。宝塚歌劇が主催する、ありとあらゆる公演が満員なのです。なぜそうなるのか、その背後にそびえ立つ「ファンクラブ」の存在にも話を進めていきます。

このように、ファンについて分析を進めていくと、宝塚歌劇がなぜ隆盛を極めているのかご理解いただけると確信しています。

以上、宝塚歌劇のビジネスモデルやシステムを起点として、生産者側と消費者側それぞれで不思議な謎が浮かび上がってきました。次の章からは読者の皆さんとともにその謎を解く旅に出たいと思います。

第2章　謎その1 小林一三、偶然の物語

～なぜ「宝塚」で「歌劇」だったのか

宝塚歌劇は、なぜ興行界でメジャーになったのでしょうか。ほとんど宣伝らしい宣伝をしていないのに、なぜ年間300万人もの観客を動員できるのでしょうか。その謎をここから解き明かしていきたいと思います。

スタートは歌劇団の創設者である小林一三翁の謎。お題は、「なぜ、鉄道会社である阪急が、『宝塚』で『歌劇』だったのか」です。

少々カタいお話かもしれませんが、今日の宝塚歌劇の隆盛は小林翁という傑出した経営者の存在抜きには語ることはできません。

宝塚歌劇が生まれるまでには、小林翁によって演出された、いくつもの幸運・偶然の連鎖がありました。その一つでも欠けていたら、おそらく宝塚歌劇は存在していなかったでしょう。

そして、その最初の、最大の幸運こそ、小林翁の存在そのものなのです。

もし銀行マンとして成功していたら……

阪急電鉄、そして宝塚歌劇の創設者である小林翁は、1873（明治6）年、現在の山梨県韮崎市に生まれました。

慶應義塾を卒業後、三井銀行に入行し、本店勤務の後、大阪支店に赴任します。小林翁は銀行マンとして順調に昇進していきましたが、34歳の時に三井銀行を突然、退職してしまいます。

そして彼は、三井銀行時代の上司である岩下清周《きよちか》らに勧誘されて、岩下が中心となって設立する証券会社の支配人となるべく大阪にやってきます。しかしながら、折からの恐慌に見舞われて証券会社設立は立ち消えとなり、彼はいきなり妻子を抱えて失業するハメに……。

小林一三　阪急電鉄創業者

普通のサラリーマンならここで落ち込んでしまうところですが、彼はこの時、阪急電鉄の前身である箕面有馬電気軌道設立の話を「偶然」耳にすることになります。鉄道事業の前途は有望であることを確信した彼は、北浜銀行を設立していたかつての上司である岩下を説得して同社の株式の引き受けを認めてもらい、中心的存在として箕面有馬電気軌道を設立することになったのです。

銀行マンとして、あるいは証券マンとして彼が金融の世界で成功していたら、宝塚歌劇の親会社である阪急電鉄設立に小林翁が関与することはなく、従って宝塚歌劇の存在もなかったはずです。

もし有馬まで鉄道が開通していたら……

こうして幸運にも箕面有馬電気軌道設立に小林翁が関与することになったのですが、同社はそもすでに大阪から宝塚・有馬方面に向けて開業していた阪鶴鉄道（現在のＪＲ福知山線）の経営陣が、急増する有馬温泉への観光客をさばく目的で設立しようとした会社でした。

ところが、先に述べた恐慌の影響を受け、発行株式全体の半分も引き受け手がいないという惨憺たる状況に陥っておりました。このような状況ですから当然、積極的に社長を引き受ける人材もなく、鉄道事業に並々ならぬ興味を示した小林翁がその経営を引き受ける「幸運」に恵まれることになるのです。

ただ、彼が経営幹部として参画したにもかかわらず、資金難並びに、宝塚から有馬までの山岳地帯に鉄道を敷設する技術がなかったために、結局、有馬までの延伸はかなわず、宝塚が鉄道の終点となってしまうのですが……。

当初の目論見通りに有馬まで鉄道が敷かれていたならば、当時すでに一大観光地であった有馬の開発に小林翁は全精力を傾けていたはずで、途中駅になる宝塚の開発には恐らく手をつけなかったのではないかと想像されます。天才実業家、小林翁が有馬ではなく、宝塚の事業経営に乗り出さざるを得なかったこと、これもまた宝塚歌劇誕生に関わる「偶然」と言えるでしょう。

もし私鉄開発モデルを思いつかなかったら……

さて、1910（明治43）年に大阪梅田―宝塚間で運行を開始した箕面有馬電気軌道は、鉄道敷設と並行して沿線の住宅開発を行うという独創的なアイデアによって好調なスタートを切りました。

これこそ小林翁が鉄道事業の将来性に着目したポイントです。すなわち電車が通る沿線の土地を安く仕入れ、一般のサラリーマンに宅地として販売するのです。それも彼らの給料でも手が届く住宅分譲価格を設定し、しかも当時は画期的だった「割賦販売」（住宅ローン）の仕組みを取り入れました。

住宅事業は大成功をおさめます。そしてその住宅も、駅近辺から次第に郊外へと広がりを見せるようになり、すると駅と住宅地を結ぶバス路線やタクシー需要が生まれます。当然それも阪急グループが担うことになります。

こうして、駅（「点」）、鉄道（「線」）から住宅開発、交通網整備（「面」）への展開によって「阪急沿線」ができていきます。

社名が阪神急行電鉄と改められ、1920（大正9）年には神戸線が開通するなどで「阪急電車」という名前がポピュラーになっていきます。神戸線沿線でも宝塚線沿線同様に住宅開発がなされ、沿線から大阪中心部へと通勤客を運ぶ大動脈へと発展していきます。

小林翁の凄いところはこれだけではありません。

先述したように、梅田駅に日本で最初のターミナルデパート・阪急百貨店を開業し、三越、髙島屋といった老舗百貨店とは異なったビジネスモデルで大きな収益を上げました。

品揃えを、鉄道利用客の日常品に的を絞り、どこよりも安価に提供したのです。一日数万人のお客様が利用するターミナル駅の特色を最大限に生かした商法でした。

また、通勤需要オンリーですと、朝は郊外から中心部へ、夕刻はその逆……という一方向の乗客の流れになってしまいます。そこで小林翁は、なんとか「逆方向」の流れを作り出せないか、それも通勤客が一段落した閑散時、つまり朝夕以外の昼間の鉄道需要を拡大できないかと考え始めます。

宝塚歌劇や阪急ブレーブス、宝塚ファミリーランドといった阪急の一連のレジャー事業こそ、その考え方が結晶したものです。阪急宝塚線の終端駅である宝塚に温泉、歌劇場、遊園地を、そして阪急神戸線の西宮北口に球場を展開、通勤需要とは逆方向の、そして週末にも乗客が生まれる流れを作り出しました。

ここでも、「偶然」が生まれます。小林翁が逆方向の流れを考えなければ、宝塚歌劇をはじめとするレジャー事業が生まれていなかったかもしれません。

ちなみに小林翁が生み出したこのビジネスモデルは、日本の私鉄の沿線開発のモデルケースとして五島慶太（東京急行電鉄）や堤康次郎（西武鉄道）の鉄道事業者たちに大きな影響を与えました。

もし宝塚で温水プールが成功していたら……

話を歌劇誕生に戻します。

鉄道の終端駅となった宝塚では、市内を流れる武庫川の右岸（下流に向かって右側）の区域において温泉施設が営業されていました。小林翁が阪急宝塚線を敷設する前に、阪鶴鉄道が大阪と宝塚をすでに結んでおり、有馬ほどの知名度はありませんでしたが、温泉地ができていたのです。

つまり、宝塚の開発において阪急は後発参入だったのです。ビジネスの世界で後発参入となれば、先発企業との差別化を検討、実施するのが常道で、小林翁も阪急の展開する温泉施設を宝塚「新」温泉と名づけ、差別化施策を展開していきます。その中核施設が温泉を利用した「温水プール」でした。

しかしながら、その策は失敗に終わります。理由は、屋内プールで太陽光の活用が十分できなかったため、温泉の温度が低いままであったことでした。飛び込みができる深さをそなえるなど「最新式の水泳場」だったのですが、温水プール構想はあえなく挫折しました。

小林翁は慶應義塾の出身ですが、学生時代は文学青年として名をはせるほどの文学好きでした。寮の機関誌の主筆を務めたり、とある事件を題材にした小説を郷里山梨の新聞に寄稿したりするなどの文学活動を展開していました。加えて演劇好きでもあり、使われることのなくなった温水プールの活用法を考える際に、学生時代から温めていた演劇へのこだわりが役立ちます。

プールの水槽に板を張って客席に改造し、脱衣場を舞台にしつらえるなどして即席の「劇場」をつくり上げてしまったのです。この舞台で宝塚歌劇は産声を上げるのですが、その前に小林翁は、その舞台で何を演じるのかについて、もうひとひねりの天才的発想を披露します。

それが宝塚歌劇の最大の特徴である「男役」（＝女性が男性を演じる）の存在に直結する「少女歌劇」という発想でした。

当時、老舗百貨店の三越は、主要顧客であるファミリーを意識した顧客サービスの一環として「少年」音楽隊を結成し、オープン時や食堂などでの余興としてお客様に演奏を披露していました。これが人気を博して京都大丸や大阪三越へと広がっていき、デパートのハイカラな雰囲気を定着させるとともに、西洋的な文化的生活を提案する百貨店の存在意義を高めることに成功しました。

鉄道事業の将来性を鋭く見抜き、阪急沿線を高級感あふれる地域にしていこうと狙っていた小林翁にとって、ファミリーを対象とする大衆商法として先行する三越は常に彼の意識の中に存在していました。三越少年音楽隊の存在が宝塚少女歌劇の発想につながったことは偶然とは思えませんが、三越と同じ少年ではなく少女にしたところが小林翁の天才的なところです。

このように、後発参入の策として導入した温水プール構想が成功していたら、三越が同時期に少年音楽隊を組織していなかったら、そして小林翁の少女歌劇という発想のひとひねりがなかったら……宝塚歌劇は生まれていなかったのではないでしょうか。

もし小林翁が文学青年でなかったら

鉄道事業の展開を広げることによって、小林翁は「芦屋」「御影」「武庫之荘」といった今では関西を代表する高級住宅地を開発していきます。そのプロセスにおいて小林翁は近代都市計画の祖と言われるイギリス人、エベネザー・ハワードの「田園都市構想」から多大なる影響を受けました。

ハワードの構想は、人口3万人程度で自然と共生し自立した職住近接型の緑豊かな都市を大都市周辺に建設しようとするものです。小林翁に与えた影響を示すものとしては、1909年に宅地分譲開発に先立って作ったPR冊子で彼が作成し、発表した次のような有名なキャッチコピーがあります。

「如何なる土地を選ぶべきか　如何なる家屋に住むべきか」「美しき水の都は昔の夢と消えて、空暗き煙の都に住む不幸なる我が大阪市民諸君よ！」

また、阪急神戸線が開通した際、新聞広告で小林翁はこんな異例の表現を使っています。

「新しく開通（でき）た神戸ゆき急行電車　綺麗で早うて。ガラアキで眺めの素敵によい涼しい電車」

自社の電車開通に「ガラアキ」と表現するのは異例中の異例ではありますが、そこには

「新しい田園都市生活」を読む者に十二分に意識させようとする小林流の仕掛けが見て取れます。

こうしたところに、文学青年だった小林翁の片鱗が出ています。卓越したセンスあふれる広告表現だけでなく、何と驚くべきことに、彼はスタート直後の歌劇作品の脚本を自ら書いています。

それも一本だけではありません。1914年の「紅葉狩」、1915年の「御田植」「日本武尊」、1916年「竹取物語」、1917年「案山子」「大江山」、1918年「クレオパトラ」等々。創設当初は毎年のように歌劇の脚本を書いていたのです。

小林翁の宝塚歌劇にかける「想い」がまざまざと伝わってきますよね。やはり小林翁が文学青年でなかったら、すべては無のままだったのではないでしょうか。

小林翁はレジャー事業についてこう書き残しています。

「乗客の増加をはかるためには、一日も早く沿線を住宅地として発展させるより外に方法がなかった。しかし住宅経営は、短日月に成功することはむずかしいので、沿線が発展して乗客数が固定するまでは、やむをえず何らかの遊覧設備をつくって多数の乗客を誘引する必要に迫られた」

このように小林翁は、阪急沿線の「外」から行楽客を呼び込む（＝都心から郊外への旅客の流れを形成して、経営の安定を図る）ことで、「新しい田園都市生活」という阪急沿線のコンセプトをさらに強化させました。

なぜ「大衆商法」で「清く正しく美しく」なのか

以上のように、小林翁によって始められた鉄道敷設をベースにしてその沿線に安価な住宅地やレジャー施設をつくっていく手法を「大衆商法」などと呼びますが、一方で皆さんご存じの宝塚歌劇のモットーは「清く正しく美しく」ですよね。

このフレーズと小林翁の「大衆商法」はなかなかイメージが合わないのですが、いかがでしょうか？

ここで、そのギャップの謎を私流に解いてみたいと思います。

小林翁が東京で本格的にビジネスを始めたのは、1934年に日比谷に東京宝塚劇場を開場し、1937年に東宝映画を設立（この両者が1947年に合併して、現在の東宝になります）するなど1930年代に入ってからでした。当時の時代背景としては、1923年に発生した関東大震災からの帝都復興がありました。

震災後に策定された帝都復興計画に沿って開発が進んでいくわけですが、震災後に本格的に東京に進出した小林翁が意識したのは浅草の開発事業だったといわれています。宝塚歌劇と同じくエンターテインメントをベースに地域開発がなされていく浅草を彼はどんな目で見つめていたのでしょうか。

福嶋亮大さんの『復興文化論』によれば、震災後の浅草では、川端康成の『浅草紅団』に代表される「エログロナンセンス」な世界観が流行したことをはじめ、「いかがわしさ」が当時、帝都の「周縁部」では展開されていました。

そんな時代背景の中で東京に宝塚歌劇でもって乗り込む小林翁にとって、浅草はまさにカウンターカルチャーそのものであったのでしょう。

小林翁は露骨なまでの川端康成批判、浅草批判を展開します。そして、周縁部ではない「中央」としての日比谷には「清く正しく美しい」、そしてファミリーでも楽しめる健全な娯楽こそがふさわしく、また帝都復興にはそれが不可欠であるとの持論を展開していきました。

つまり、小林翁の志向する大衆商法とは、浅草とは異なる健全な娯楽であって、それを表す最適なキャッチフレーズとして「清く正しく美しく」がより一層強調されるようになったのではないでしょうか。

東京で先行する浅草開発への差別化コンセプトとして宝塚歌劇の「清く正しく美しく」を強調し、成人男子しか立ち入れない浅草ではなく、ファミリーで楽しめる健全な娯楽（映画、演劇）を都心で作り上げたのです。

日比谷開発のターゲットとして「大衆」を意識した小林翁にとって、関東大震災後の復興期間にあたるこの時代に大衆が求めていたものは「清く正しく美しい」路線と映っていたのではないでしょうか。

●第2章のまとめ●

折り重なる偶然の産物として宝塚歌劇が誕生したことがよくわかりましたが、やはり最大の幸運・偶然は「小林一三翁の存在」なのではないかと改めて感じます。前章

３節で小林翁が宝塚歌劇のスタート時の「赤字」を許容していたことに触れましたが、その意味がこの章の分析で見えてきましたね。

元文学青年として歌劇の脚本を自ら手がけながら、京阪神地区では後発の鉄道会社である阪急の差別化・競争戦略として宝塚歌劇を「高級イメージのシンボル」と位置づけていった小林翁。東京進出に際しては、同じエンターテインメントを基軸に発展を遂げる「浅草へのむき出しの対抗心」の表れとして宝塚歌劇を使いましたが、それが後の発展の礎となっていったのではないかと考えます。

第3章　謎その2「何でも自前主義」の効用

～なぜ、宝塚歌劇は孤高の存在なのか

続いて、宝塚歌劇が「事業」として100年を超えて継続している謎について解明していきたいと思います。そのポイントは、創設者・小林一三翁プロデュースによる「何でも自前主義」という「閉じられた」ビジネスシステムにあります。

「オープンイノベーション」全盛の時代に逆行？

世の中のトレンドの移り変わりは目まぐるしいですよね。ヒット商品も長くは続かず、技術革新により、画期的技術もすぐに模倣されてしまうやりにくい時代になってきました。いわゆる「コモディティー（日用品）化」ってことですね。

このような状況ですから、モノづくり大国と称賛され、じっくりと技術開発に取り組んできたわが国の美風も風前の灯となってきました。自社ですべての技術を開発するのではなく、プロセスの中で得意な分野は自社で、そうでない部分はそれが得意な会社に外注するほうが現在のトレンドに合致しています。スピード第一ですね。それがたとえ外資であってもお構いなしです。

以前は画期的な技術を開発すると、特許申請してその技術を社外には出さずに門外不出のものとしていましたが、現在はそれをオープンにして、外部の異業種、異分野の技術と融合して、さらに技術レベルを高める「オープンイノベーション」の考え方が主流になってきました。

外部環境はこのように大きく変化しているのに、宝塚歌劇は創業間もなくの時から現在に至るまで、相変わらず「垂直統合システム」を保っています。それは、「創って（宝塚歌劇団）・作って（宝塚舞台）・売る（阪急電鉄）」という阪急グループ内で一気通貫するシステムです。

これは宝塚歌劇団が作品を制作し、その舞台装置を作り上げるのが宝塚舞台で、そしてチケットを販売し、劇場を経営するのが阪急電鉄という体制のことをいいます。三つとも阪急グループの中にあり、自らのグループ内ですべてを完結させてしまうのですから、「何でも自前主義」と名づけていいでしょう。

この章では、「何でも自前主義」がどのように生まれ、なぜ連綿と続いているのか、についての謎を見ていきます。

ブロードウェイとの違い

宝塚歌劇の作品制作について考える前に、演劇興行ビジネスの本場として有名なアメリカ・ニューヨークの「ブロードウェイ」ビジネスについて考えてみたいと思います。ブロードウェイでのビジネス形態と日本の商業演劇のビジネス形態は多くの面で際立った違いがあります。ここでは、作品制作の方法を取り上げます。

ブロードウェイの演劇作品のつくり方は、まずプロデューサーが上演したい演目の企画を立てます。その企画実現のためにプロデューサーが中心となって、まずは資金集めです。わが国のように、例えば東宝ミュージカルは東宝株式会社が、宝塚歌劇は阪急電鉄株式会社が組織として資金をあらかじめ準備する形態とは大きく異なります。

資金集めと並行して、出演者（キャスティング）、演出家、美術家、音楽家といったスタッフを確保していくことがプロデューサー中心に行われ、作品の骨格が出来上がっていきます。つまり、プロデューサーが「企画ごと、作品ごと」に出演者、スタッフの組み合わせを変えていくことになります。これを日本では「座組」といっていますが、プロデューサーが、自分がつくりたいものをつくるわけですから、これはある意味、当然の仕組みということになります。

一方、日本のほとんどの商業演劇では、大企業など大きな集団の組織力、資金力がまずバックにあります。ブロードウェイのプロデューサーが行うような資金調達やキャスティング、スタッフの確保が、あらかじめ担保されている状態から作品制作がスタートするわけです。

ブロードウェイの「プロデューサー個人」による「作品決定」→「資金・役者・スタッフの調達」という順番に対して、大方の日本の商業演劇は「組織」による「資金・役者・スタッフの調達」→「作品決定」と順番が逆になっています。

この仕組みの差異が、日本の商業演劇におけるビジネスシステムの大きな特色です。

そして、宝塚歌劇の場合は、日本の他の商業演劇の中でも、さらに「何でも自前主義」が徹底されていて、先ほど説明した仕組み、すなわち「阪急電鉄株式会社（組織）」が「資金（年度予算）・役者（宝塚歌劇団生徒）・スタッフ（主として〈座付き〉）」をそろえるとなるわけです。

意識的につくり上げたのではない？

宝塚歌劇事業が、ふつうはハイリスク・ハイリターンとされる作品自主制作・主催興行路線を突き進み、外部環境の変化を乗り越えて事業単独で利益計上できるようになった基盤には、この「何でも自前主義」があります。

まずは歴史的な経緯から見ていきましょう。宝塚歌劇が始まったのは1914年、今から100年以上前のことでしたね。当時はネットもメールもスマホもありません。当然のことですが、これを前提にお読みください。

草創期における宝塚歌劇の役割は、阪急の本業である鉄道事業に対して旅客誘致という貢献をすることでした。その目的を達成するには、基本的に季節を問わず通年で事業展開をする必要があります。

1921年には花組・月組の2組体制になり、24年には雪組が誕生し、33年には星組が生まれます。徐々に体制を整え、スタートから20年足らずで4組体制を構築するに至ります。

実際に作品を多数、定期的に制作するようになってくると、当時すでに宝塚歌劇伝統のオリジナル路線も生まれていましたから、作品制作や製作、出演に関するスタッフが同時に、しかも大勢が関わらなければならなくなりました。スタッフ間の意思疎通はどうしても「顔突き合わせて」にならざるを得ませんよね。また、衣装デザイナーと演出家のやり取りも、微妙な変更内容になればなるほど直接伝えたほうがいい。

このような宝塚歌劇特有の諸事情のパズルを最適に解いていくためにこそ、創って（作品の企画制作やキャスティング）・作って（大道具、衣装等の製作）・売る（チケット販売促進や劇場経営）という、すべての機能を一カ所に寄り集める必要があったのです。

「女性が男性を演じる」という「虚構」

宝塚歌劇の最大のウリ＝他のエンターテインメントビジネスとの差別化要因は、なんといっても「男役」の存在です。宝塚歌劇団の構成員は全員女性ですから、当然男役を演じるのは女性です。つまり宝塚歌劇のビジネスは、女性が男性を演じるという「虚構」が成立の前提になっています。

ここで注意していただきたいのは、「虚構」とは「うそ・偽り」という意味ではなく、「この世に本来存在しえないもの」という意味である点です。

すなわち、「虚構……この世に存在しえないもの」であるがゆえに、「男役」には厳密な「定義」や「限界」が存在しません。演じる役者にとっても、作品をつくる作家・演出家にとっても、そして顧客（ファン）にとっても、「男役」の解釈は千差万別で無制限に拡張できることになります。つまり、生産者側と消費者側のコミュニケーションが無限大に拡大可能になるのです。

「虚構」であるがゆえに、いわば「なんでもあり」の状況が許容されているといえます。そしてこれがビジネスで最も重要な他者との差別化要因となり、宝塚歌劇は容易に模倣されない高い参入障壁を形成しました。

しかも、男役トップスターは常に新陳代謝を繰り返すため、100年を過ぎても一向にコモディティー化していません。

この差別化要因としての「なんでもあり」を継続していくための必要十分条件が、上述したビジネスシステムとしての「創って・作って・売る」＝「垂直統合システム」、すなわち、なんでも阪急の自前で作品を制作・販売していく態勢なのです。

著名な経営学者であるマイケル・ポーター氏は、「垂直統合システム」を企業が採用する根拠として、「模倣困難性」に加えて「コストダウン」（外注しないため、不要なコストが発生しない）、「技術の蓄積」の3点を挙げていますが、小林一三翁による宝塚歌劇ビジネスの展開は、それよりもはるか以前に垂直統合システムを採用しており、ビジネスとして成功する前提条件が整備されていました。やはり、「小林翁、おそるべし！」です。

タカラヅカの「お約束」

「何でも自前主義」がなぜ「なんでもあり」の必要十分条件になるのでしょうか。

組織専属、つまり「座付き」演出家や自前の装置、衣装デザイナーを抱え、作品の企画検討・制作を担当するのが宝塚歌劇団の役割です。

歌劇団は「座付き」演出家の特性を生かし、「あてがき」といわれるように、作品を担当する組のトップスターたちの個性がより引き立ち、そのファンコミュニティーの満足度が最大値となるように作品制作をしていきます。その一方で、いかなる作品であろうと最後は宝塚歌劇の美意識・世界観を象徴する26段の大階段が現れ、大きな羽根を背負い銀橋をめぐりながら出演者全員が行うパレードで締めくくられる——こうした共通項も見られます。

その際に特徴的なのは、主題歌のサビの部分をスターたちが「リフレイン」することによりファンの深層心理にリピート需要を喚起させるという高度な戦略を取っていることです。これはいわゆる「刷り込み」とも言われるもので、昨今注目されている「行動経済学」でも、その効用が明らかにされています。

ノーベル経済学賞受賞者で行動経済学の世界的権威であるダニエル・カーネマン氏が1999年に提唱した「ピークエンドの法則」を、タカラヅカの演出はそれが明らかにされるはるか前から採用しているのです。簡単に言いますと「人間は自己の記憶の特徴から、対象になる事象を最初から最後まで全て記憶できない。ピーク（最も印象に残った事象）とエンド（一番最後に経験した事象）を最も記憶するのである」という原理です。この原理が公にされて以降、多くのビジネスシーンでこの原理を応用した戦略が構築され、効果を発揮してきました。

繰り返しますが、宝塚歌劇公演の締めくくりはいかなる作品であろうとも大階段を使ってのパレードであり、そこではショーの主題歌がスターたちによってリフレインされます。それまでの公演の内容評価が良かろうが悪かろうが、この華やかできらびやかなパレードの経験が、「また再びこの夢の世界に戻ってきたい」という次回のチケット購入意欲を喚起しているのです。

こうした共通項に満ちた演出ができるのは、まさに「座付き」演出家であるがゆえです。さらに宝塚歌劇特有の「舞台装置」がダメ押しします。宝塚歌劇では宝塚大劇場と阪急、JR宝塚駅を結ぶ「花のみち」（公道）さえもが、いわば舞台装置の一種と位置づけられ、開演前と終演後に夢の始まりや継続、再来をイメージさせます。

これは、銘菓「赤福」の濱田益嗣さんがいう「先味・中味・後味」戦略と共通するコンセプトですね。「赤福」を取り巻く「伊勢神宮」や「おかげ横丁」といった舞台装置が赤福の魅力をより高めているのと同様、宝塚歌劇でも「大階段」「羽根」「スターによる過剰なウィンク」「花のみち」「楽屋口」などが舞台装置として宝塚歌劇をより魅力的にしているのです。

ファンの「信頼」を勝ち取る

宝塚歌劇がこだわる自前主義には、上記のようなビジネス面での必要性だけではなく、事業が持続的に発展するのに不可欠な顧客からの「信頼」を勝ち取るための政策という側面もあります。

前述したように、宝塚歌劇では厳格な「スターシステム」が採用されており、トップスターを頂点として、2番手スター、3番手スターと序列がはっきりしているのが大きな特徴です。若手の場合は「抜擢」がありますが、上級生の場合、通常は番手の通りに役が割り振られるようになっています。

宝塚歌劇のファンの方々は、作品が好きという方ももちろんいらっしゃいますが、大部分は特定のスターをひいきにして応援しています。

スターの最終目標は「トップスター」の座に上り詰めることですが、それは応援するファンの方々の思いも同じです。そして、宝塚歌劇の世界では、「男役10年」と称されるように、男役として認められ、トップスターの座につくまでに実に長い年月と経験を必要とします。

今では10年で男役トップスターになる生徒はなかなか存在しません。「10年に一人の逸材」と言われた「柚希礼音《ゆずきれおん》」さん（元星組トップスター、在任2009年～2015年）もトップスターになったのは入団11年目になってからでした。いつも話題に上る「天海祐希」さん（元月組トップスター）は入団6年半での就任でしたが、これはかなり特異な例と言っていいでしょう。

つまり、スターを入団当初から支えてくださるファンの方々は長い方だと足掛け10年以上、ひいきの生徒がトップスターになるのを夢見ながら伴走していただいています。そんな中で、安易にいわゆる「飛び級」人事や役の割り振りを行ったら、どのようなことになるでしょうか。

宝塚歌劇以外の演劇であれば、公演ごとに「座組」（出演者やスタッフ）が変わりますので、作品のプロデューサーや演出家の意向で大抜擢があるのが当たり前のことです。しかし、宝塚歌劇ではファンは作品よりも生徒（スター）についています。そこが一般の演劇との大きな違いとなります。

「座付き」演出家の効用

「座付き」演出家が宝塚歌劇に必要な理由をさらに詳しく見ていきましょう。

宝塚歌劇の作品では、振付家や音楽家は外部スタッフを多用しますが、演出家についてのは座付き＝自前主義を崩しません。最近の演目で目立つ漫画や海外ドラマを原作にした作品の上演では、オリジナル作品とは違いますので、外部の演出家の起用があってもよさそうですが、そうしたケースは見当たりません。

ここでもファンとの信頼関係の構築、維持がキーワードになります。宝塚歌劇の特徴は先に触れたように「スターシステム」とそれに基づく安定した番手です。番手ごとに果たすべき役割があり、それをクリアして番手を上げていくのが宝塚歌劇の美意識・世界観の一つになります。

つまり、公演単品でスターの実力を見るのでなく、若手の時からの成長プロセスをしっかり見ながら育成していくことが重要なのです。そのプロセスには拙著『元・宝塚総支配人が語る「タカラヅカ」の経営戦略』で指摘したように「シロウトの神格化」というプロセスがあり、スターもファンも、そして演出家をはじめとするスタッフも基本的にこのプロセスを理解したうえで宝塚歌劇の作品に関与します。

従って、外部の演出家に作品演出をゆだねた場合は、そのようなプロセスなり、スター一人ひとりの特徴（＝ファンのニーズ）なりをわきまえた作品制作はできなくなります。特に、高名な、人気のある演出家を招聘しようとすればするほど、そうなるでしょう。

その点、「座付き」演出家なら、基本的に宝塚歌劇以外の作品制作はやりません。「座付き」であるがゆえに、いつどの組での演出の機会が発生してもいいように、各組の戦力を普段からしっかり把握しているはずです。

何しろファンの作品に対する評価軸は、台本の良しあしよりむしろ、応援する生徒、スターの良さをいかに引き出しているか、舞台でいかにかっこよくなっているかにあるわけですから。

このような理由で、人気の外部演出家を招聘する話題性よりも、宝塚はファンとの信頼構築・維持を優先させて自前主義を貫いているのです。

道具や衣装こそ「美意識・世界観」の中核

作品の「制作」（「創って」）と同様に、宝塚歌劇では大道具、衣装等の「製作」（「作って」）においても自前主義が徹底されています。

宝塚歌劇団によってつくられた上演台本や、衣装・道具デザイナーによっておこされたデザインを形にする、これが舞台製作担当の役割ですが、宝塚歌劇ではそれを興行主催者である阪急電鉄の子会社の株式会社宝塚舞台がほぼ一手に引き受けています。

宝塚舞台のスタッフは、ただ単に衣装や道具といった製作物（モノ）を作っているわけではありません。そうであれば、間接人件費がかからない格安の外部業者に任せるほうがビジネスとしてはより良い選択肢になります。

そのようにせず自前で抱える理由は、彼らには歌劇団の演出家、衣装・道具デザイナーによって演出された製作物に付随する特定の「記号」を理解し、ファンコミュニティーとのコミュニケーションを取れる能力があるからこそです。つまり、宝塚歌劇独自の「美意識・世界観」を形成する重要な役回りが彼らにはあるのです。

さて、その記号とは何を意味するのでしょうか。

例えば衣装です。素材やカラーが同じ衣装でも、周りのスターよりも装飾が派手で、羽根の大きさが違っていて、しかも衣装替えが頻繁に行われる——これこそが歌劇団のスター育成戦略及びそれに基づく演出を通じた「記号」です。それによって、ファンコミュニティーはそのスターの「現在のポジション」を視覚的に理解します。

もちろん、宝塚歌劇団の範疇である作品制作=台本上の「せりふの多さ」「歌の尺の長さ」「トップスターとのせりふのやり取り」等々も、そのスターのポジションをめぐるコミュニケーション戦略を表す「記号」といえますが、裏方である宝塚舞台の製作担当者も同様に宝塚歌劇のコミュニケーション戦略において、単なる作業者以上の重要な役割を担っているということです。

彼らは演出家たちとの「あうんの呼吸」で、その意図を正しく理解して形に表すことができるのです。これは外部業者にとって、なかなか理解が困難なことで、それが模倣困難性につながっていきます。

彼らの役割で忘れてはならないのが、宝塚歌劇ならではの美意識・世界観をその専門性で表現する「迅速な舞台転換」や「衣装の早替わり」です。いずれも秒単位のカウントで構成されており、一つの動作の遅れが舞台全体の流れに悪影響を与えます。宝塚歌劇の公演で、いわゆる舞台トラブルによる休演等の報道を目にすることはほとんどありません。年間約1300回もの公演を実施し、秒単位のスピーディーな舞台転換や衣装早替わりをこなしながらトラブルが発生しないというのは、まさに「何でも自前主義」のたまもの以外の何物でもありません。

またこれは、役者とスタッフとの信頼の証しとしてファンコミュニティーに大きな感動を与える要素にもなっています。

トップスターが退団するとき、最後に舞台で観客に向かって挨拶をしますが、その際には多くのスターたちが裏方への感謝の言葉を欠かしません。自分たちの、そしてファンの「夢の世界」である舞台が、「何でも自前主義」の裏方に支えられていることを、演じている彼女たちが一番理解しているからです。

衣装スタッフの「神業」

衣装といえば、私がプロデューサーを務めていたおよそ20年前、タカラヅカの裏方には神業を使うスタッフが存在していました。当時を振り返ってご紹介しましょう。

宝塚歌劇の舞台衣装製作のプロセスは以下のように進んでいきます。

まず公演担当の衣装デザイナーが作家（演出家）と打ち合わせて、当時は必要な「すべての」衣装のデザイン画を描いていました。

宝塚大劇場公演となると、出演者が70名を超えるので必要な衣装の点数は膨大な数となります。しかしながら、そのすべてを新調することは予算面からいっても不可能ですので、新調する衣装以外は以前の公演で使用した「有物」衣装で代替することになります。そのストックがこれまた膨大な数で、宝塚大劇場の倉庫に眠っており、有物としての出番を待っています。

新調されるのは当然トップスターをはじめ、スターたちの衣装であって、その他大勢の衣装はこの有物から選ばれますが、どの衣装を新調するのかを決める会議が、作家（演出家）や衣装デザイナー、予算を差配する私たち公演プロデューサーも出席して開かれます。宝塚舞台の衣装担当者も交えて公演ごとに開催される「カット会議」といわれるものです。

この会議は衣装だけでなく、大道具・小道具・照明等、他のカテゴリーでも実施されますが、やはりファンコミュニティーの注目度と配分される予算規模から、衣装のカット会議が最も重要で、プロデューサーが最高に気を使うヤマ場となります。

この会議でのポイントは、新調衣装があまり作れないなか、有物衣装の活用でいかにして当初の作家・演出家及び衣装デザイナーのプランや思いを形にしていくかということにあります。有物の中から最もイメージに近い衣装を探し出すこと、そしてそれを必要な数だけそろえられることが重要になります。

その際に披露されるのが衣装担当者の神業です。実況中継風に語ると以下のようになります。

衣装デザイナー：「これ新調できないなら、ええと○○○（過去に上演された公演名）で△△（出演者名）が××の場面で着ていたドレス持ってきて」

衣装担当：「ああ、あれは今、宙組が全国ツアーに持って行っててありませんわ。代わりに◎◎◎（○○○とは違う公演名）のフィナーレで使ったドレスどうですか？」

演出家：「実物見て判断するから、ここに持ってきて」……
するとと衣装担当は、山のような在庫から、その衣装をあっという間に探し出してくるのです。まさに神業です。このような作家・演出家＋衣装デザイナーと衣装担当のあうんの呼吸が夢の舞台を支えていると言っても過言ではありません。

繰り返しますが、阪急の宝塚歌劇の経営システムとは、作品制作（プロデューサー：宝塚歌劇団）、製作（宝塚舞台）、そしてもう一つの要である販促・営業（阪急電鉄歌劇事業部）の3者が阪急という枠の中で一体となって運営されていることです。

つまり、宝塚歌劇の事業経営は「創って（制作→歌劇団）・作って（製作→宝塚舞台）・売る（販促・営業→阪急電鉄）」が「一気通貫」する効率的で無駄のないシステムなのです。この点が他に類を見ない「エンターテインメントビジネス」として大きく成長した要因といえるでしょう。

作品を売る興行主催者、阪急電鉄

こうして出来上がった歌劇作品の営業・販促、そして劇場経営を担当するのが宝塚歌劇事業の興行主催者である阪急電鉄本体になります。

阪急電鉄の業務はチケットの販売が最も大きなものではありますが、宝塚歌劇団や宝塚舞台と歩調を合わせて「シロウトの神格化」のステップに則った商品企画・販売や冠スポンサーの確保、全国ツアーに関する交渉等、その守備範囲は皆さんの想像以上に幅広い分野にわたっています。

この販売促進の局面で得られたさまざまな顧客情報を、「川上」の宝塚歌劇団や宝塚舞台などと共有・活用できることも、「何でも自前主義」システムの運用にとって必要不可欠な要素となります。

宝塚歌劇のファンコミュニティーが今現在どんなニーズを持っているのか、嗜好の変化が感じられるとしたらいかなるものかという情報をすべてのプロセスで共有し、それをもとに商品を生み出すことができれば、トータルな流れのコントロールが可能となりロスも少なくなります。

例えば、団体客比率が高い（＝初心者比率が高い）時期には「ストーリーの理解しやすい芝居＋豪華絢爛なバラエティーショー」を充てるとか、制作予算が厳しい時には「一本立て」や「再演もの」を入れてコストカットを図る等の策を、販売促進サイド（宝塚総支配人）が主導する形で3者（宝塚歌劇団、宝塚舞台、阪急電鉄）が示し合わせて実施することができます。阪急内部における「何でも自前主義」がなせる綿密なコミュニケーション戦略と言っていいものです。

「阪急ブレーブス」「宝塚ファミリーランド」との違い

さて、宝塚歌劇を主催する阪急電鉄がかつて、プロ野球の球団「阪急ブレーブス」を保有していたことを知る人も今では少なくなってきました。世界の盗塁王・福本豊氏、通算284勝を挙げたサブマリン・山田久志氏といった名選手を多数輩出し、読売巨人軍を日本シリーズで倒し、日本一に輝いたこともある強豪チームでしたが……。

現在の日本プロ野球界は、セントラルリーグもパシフィックリーグも人気、観客動員ではさほど差のない状況になっていますが、在阪の民鉄会社である阪急と南海がプロ野球チームを手放した1980年代は、「人気のセ、実力のパ」と称される通り、実力ではパ・リーグが上回っていたものの、肝心の観客動員ではセ・リーグに大きく水をあけられていました。

そして、不採算事業に対する株主の視線が厳しさを増す外部環境変化に耐えられず、1988年、阪急は球団の売却を余儀なくされました。

同様に、小林一三翁がつくり上げ、私鉄経営のモデルの一角を担った「遊園地事業」も、プロ野球事業と同様に不採算事業として各社が整理を進めていきました。阪急が宝塚大劇場の隣接地で経営していた「宝塚ファミリーランド」もその例外ではなく、2003年に閉園することになります。

プロ野球事業も遊園地事業も、電鉄会社の中での位置づけとしては、歌劇事業と同様に「(鉄道事業の)旅客誘致」であったのですが、なぜ歌劇だけは生き残ることができたのでしょうか。

その理由には「創って・作って・売る」の垂直統合システムに代表されるビジネスシス

テムの存在と、後ほど謎解きを展開する強固な「ファンコミュニティー」の存在によって、歌劇事業は大きな利益を生む存在になったことがあるでしょう。

結果的に、ビジネス面でも今や鉄道事業、不動産事業に次ぐ阪急グループの「第3の柱」と称されるほどに歌劇事業は成長しました。

●第3章のまとめ●

宝塚歌劇がビジネスとして成立した背景として「何でも自前主義」＝垂直統合システムというしっかりとしたビジネスシステムが存在することを、裏方の「神業」も含めてご紹介しました。

こうした徹底した自前主義で、利益率が高い阪急の主催興行を安定化させることによって、宝塚歌劇事業は実は大きな利益を上げる優良事業であることが証明されました。と同時に、ビジネスとして成熟していくだけでなく、宝塚歌劇をよりタカラヅカらしくしていったのです。

成功した宝塚歌劇ではありますが、なぜか興行ビジネス成功のために必須のシステムを「あえて」取り入れていません。

それは「ロングラン」興行システムです。いったいなぜ、阪急は宝塚歌劇でロングランシステムを採用しないのでしょうか。次章ではその謎をさらに掘り下げて分析していきたいと思います。

第4章　謎その3 なぜ「ロングラン」しないのか

～「ボロ儲け」しない本当の理由

前章では、宝塚歌劇のビジネスシステム（「何でも自前主義」）がブロードウェイなど興行ビジネスの本場とは全く違っていることを取り上げました。ただし、それは、宝塚歌劇だけでなく、日本の商業演劇全般に共通したことでもありました。宝塚が最も早く生み出し、最も徹底して行っているという面はありましたが……。

ところが、本章で取り上げる「なぜ『ロングラン』しないのか」の特異性は、「何でも自前主義」の比ではありません。

日本はもちろん、おそらく世界中の商業演劇の常識に真っ向から反しています。すぐに理由を述べますが、ロングランは興行ビジネス成功のための、まさに「一丁目一番地」だからです。

利益を出すのが使命であるはずの「株式会社」の事業経営としては、この選択は本当に大きな謎です。しかし、これは阪急が完全に「意図的」に行っています。そうです、宝塚歌劇は「あえて」ロングランを採用していないのです。

世界中の「常識」

再び基本的なところから見ていきましょう。いったい、なぜ興行の世界ではロングランがスタンダードなのでしょうか。

まずはコスト面から考えてみます。

宝塚歌劇でも東宝ミュージカルでも作品を制作する場合には、大道具や小道具、衣装、照明、音響といった舞台の世界を形作る、いわゆる「製作物」を必ず作らなければなりません。それらを作るコストが持つ特徴とは何でしょうか？

それは、興行期間や回数にまったく関係なく支出されるものであるという単純なる事実です。興行回数が10回だろうが１００回だろうが、極端な話1回でも、同じように作られなければならないものです。

「今回の興行は1回しか上演しないから、出演者の半分の衣装は自前でいいです」などということは、まともな商業演劇の世界では絶対に起こりません。つまり、これらのコストは、興行回数に関係なく支出される「固定費」なのです。

ですから、興行が始まっていない（売り上げが立っていない）段階で、すでにその分のコストが発生していることになります。

興行全体で見ると、これに興行回数に比例して増える「変動費」的コストが上乗せされていきます。出演者のギャラやホール・会館運営にかかる人件費、水道光熱費、チケット販売を外部委託しているならその委託費用などといったものです。

しかし、変動費は固定費に比べるとかなり低額です。すると興行ビジネスにおいては、固定費用の主要部分を占める固定費を早期に回収することが求められます。逆にいえば、固定費さえ回収できてしまえば、あとは回数を重ねても増えるのは低額の変動費だけになり、チケットの販売額のほうがはるかに大きくなります。すると興行回数を増やせば増やすほど、利益が大きく伸びていくことになります。

これが「ロングラン興行」のビジネスモデルです。アメリカのブロードウェイは言うに及ばず、日本の劇団四季やそのほか世界中の劇団が採用しています。

前述したように、書籍の世界でベストセラーが一定の部数を超えると、あとの増刷分は「お札を刷っているようなもの」とよく言うのも、これと同じです。笑いが止まらないほど儲かるのですから、興行界では誰もがヒット作を作って「ロングラン興行」することをめざします。

ロングランすると、どうなるか？

しかし、宝塚歌劇は違います。5組が順番に「宝塚大劇場→東京宝塚劇場」の公演を繰り返していきます。どちらの公演も50回程度で、いったん決まった終演日（千秋楽と言っています）が動かされることは絶対にありません。

宝塚歌劇団に出向してタカラヅカのビジネスに足を踏み入れたとき、私はこのことが不可解で仕方がありませんでした。

宝塚歌劇の場合も興行の仕組みは、ここまで述べた業界共通のモデルと何ら変わりがありません。ですから、ロングランをして興行利益を最大化することが理論的に可能であることは容易にご理解いただけるでしょう。

わかりやすい例でいえば、ドル箱である男役トップスターの退団に伴う「サヨナラ公演」です。

古くから「歌舞伎は襲名披露で稼ぎ、宝塚歌劇は退団公演で稼ぐ」などと、歌舞伎と宝塚歌劇の対照的なビジネスモデルを鋭く指摘する言葉があります。確かにサヨナラ公演は確実にチケット完売となる公演です。退団する男役トップスターの人気が高ければ高いほど、サヨナラ公演をロングランすれば確実に観客が押し寄せてきます。間違いなく「ボロ儲け」することができるのです。

しかしながら、この資本主義社会での当然の企業活動を阪急は展開しません。宝塚大劇場でも東京宝塚劇場でも、通常の本公演と同様50回程度で終了させてしまいます。

なぜでしょうか。

もし、宝塚歌劇でロングラン興行をすればどうなるか、を考えてみましょう。通常の50回ではなく、100回、150回とロングランすれば、利益が大きくなるのは間違いないところです。しかし、それをすると、次に控える他の組の興行が連鎖的に影響を受けることになってしまいます。

宝塚歌劇の象徴は男役トップスターですが、せっかくトップになっても何年も居続けることは許されません。2番手、3番手の男役スターとそのファンが「禅譲」を待ち構えているからです。

とすると、男役トップスターとして演じられる大劇場作品は、数が限られてしまうことになります。3年トップを張ったとしても、5、6回程度がせいぜいといったところでしょう。そんな窮屈な中に、サヨナラ公演などの利益をより重視したロングラン興行が介入すると、宝塚歌劇の思想・運営の根幹であるスターシステムが危機を迎える可能性があります。

ファンにとってのメリット

逆にファンから見ると、ロングラン興行しないことが自分たちにとって大変なメリットを生むことがわかります。

前述したように、宝塚歌劇は「宝塚大劇場→東京宝塚劇場」公演を基軸にして年間スケジュールが組まれ、基本的に五つの組が順番に担当していきます。あらかじめ年間スケジュールは公表されますから、家事や仕事に忙しいファンにとっては、自分のひいきのスターの出演時期がわかるので予定を立てやすくなります。

加えて、応援する生徒の将来がクリアに見通せるということが挙げられます。1年間の組ごとの興行スケジュールが決まっていて、そしてそれが毎年繰り返されるのですから、明確ではないにしても数年先までの公演ローテーションが想定可能になります。

そうすると、応援する生徒の現時点での立ち位置（番手）から、1年後の各公演でのポジションや、ひいては2年後のそれを思い描くことができます。「妄想」も自由に展開することができますから、ファンにとってはスケジュールが読めることは大きなメリットになります。

原点を大切にする証し

このような事情から、阪急はロングラン興行をしないのでしょう。株式会社経営としては単年度の利益最大化が最大のテーゼになりますので、ロングラン公演を実施したいのはやまやまなのでしょうが、あえてやっていないのです。

そして、そうできるのは宝塚歌劇の創設者である小林一三翁の教えがあるから、としか私には思えません。

「清く正しく美しく」

企業でいえば経営理念に相当する、組織にとって最も大切にすべき宝塚歌劇のテーゼです。このテーゼに従っているからこそ宝塚歌劇はロングランをしないのです。

外部から見ると「もったいない」こと甚だしいと映るでしょうが、きっと宝塚歌劇はロングランをしないことで、常に事業を始めた原点に戻ろうとしているのでしょう。

繰り返しますが、もともとは宝塚歌劇は阪急の旅客誘致策に徹すればよく、商業ベースに乗らなくても構わないとされていました。音楽学校からスタートし、歌劇団を退団するまで「生徒」と呼ばれ、退団後は「よい家庭人、母親」になるようにという、設立当初の小林翁の教えが長らく守られていました。

これらを凝縮したのが「5組平等」という思想で、それが資本主義の常識に打ち勝っている――これがロングランをしないことの真相なのではないかと考えます。

「全国ツアー」で疑似ロングラン実現？

とはいうものの、やはり興行的にはロングラン興行の魅力は捨て置けません。宝塚歌劇はどこまでも運が強い事業だと思うのがこの部分です。現在では宝塚歌劇でもロングラン興行に近い形態の興行パターンが実施できるようになっています。それこそが「全国ツアー」です。

全国ツアーは、宝塚歌劇が文字通りホームグラウンドである宝塚大劇場と東京宝塚劇場を離れて、阪急電鉄が全国各地の興行主に一定の金額で歌劇興行を「売る」形態で展開されるものです。

今から30年ほど前、竹下登政権の目玉政策として、全国の各市区町村に対して1億円が地域振興のために配分されました。「ふるさと創生」という言葉を覚えていらっしゃる読者も多いでしょう。

この政策がきっかけの一つとなって、全国の自治体がいわゆる「文化ホール」といわれる「ハコもの」を競ってつくっていきます。ところが、ハコはできたものの、そこで上演するソフトを制作する力が地方にはありません。また、その後の平成の大合併で、一つの自治体に複数の「市民会館」や「文化ホール」が乱立するという厄介な事態に陥るところも出てきました。

そんななか、大きな宣伝をしなくても集客できる優良ソフトである宝塚歌劇に大きな注目が集まりました。我も我もと宝塚歌劇の興行を希望する声が全国の興行主から相次ぎ、引っ張りだこの人気興行になっていったのです。

さて、全国ツアーが実施される場合は、一つの組の全体が参加するわけではなくて、組を二つに分割して、トップスターを中心とするグループが全国ツアーに参加します（ほかの生徒たちは裏番組として、主に若手スター候補が座長を務める「宝塚バウホール公演」等に出演します）。

そして全国ツアーの演目は、そのためにわざわざコストのかかる新作を用意するわけではなく、ほとんどの場合、その直前に宝塚大劇場→東京宝塚劇場で上演されたのと同じ演目が選ばれます。

そう、つまり、全国ツアーは大劇場公演から始まる演目の「ロングラン」公演を、場所を変えて行っていると言えるのです。

全国ツアーではありませんが、宝塚大劇場と東京宝塚劇場を使って「ロングラン」に似た興行をすることも考えられます。あくまで想像上のことですが、同じ演目を同一会計年度内に複数の組で上演すればそれができます。

例えば、花組で「ベルサイユのばら」を宝塚大劇場→東京宝塚劇場で1クール上演したのちに、月組で同じく「ベルばら」を宝塚大劇場→東京宝塚劇場で1クール上演するという興行をするのです。

組が変わるため、トップなどスターの衣装は続演の場合には新調する必要があるでしょう。なぜなら、先行上演する他組トップの衣装を続演する組のトップが引き継ぐ、つまりお古を着ることはきっとファンが許さないであろうからです。その分、コストは多少かかりますが、同じ作品でも演じるスターが代われば別の作品になるのが宝塚歌劇の世界です。当然、「比較」という普段の宝塚歌劇ではできない、ファンにとっては格好の話のネタになる状況が生まれるでしょう。考えるだけで楽しくなってきませんか。

ここでも「神業」が……

第3章では裏方である衣装担当の神業をご紹介しましたが、全国ツアーを仕切る宝塚舞台担当者にも、負けず劣らずの神業使いがいます。

全国ツアーの実施において、会館・ホールをどの順番で回るかについては阪急電鉄の全国ツアー担当者が基本案を作っています。

その際には、交通機関の乗り換えの便宜も含めて最適なツアー行程を組みながら、会館・ホールのスケジュールを調整していきます。全国ツアーの場合、途中の交通費や宿泊費などの費用は阪急側負担となるので、コストパフォーマンスの観点からも、この調整は重要な業務となっています。

全国ツアーは「旅興行」そのもので、「乗り打ち」といって興行日の翌日に場所を変えて興行を行うことがよくあります。一定の期間内に可能な限り多くの興行を実施し、効率的に稼ぐためです。このため、ツアーの行程を効率的に組むことが大きなポイントになります。

私が担当していた当時、ツアー公演は平日が「14時開演＋18時開演」の2回公演で、土日・祝日は「11時開演＋15時30分開演」の2回公演が基本でした。ただし、前日が平日であるため準備の都合上、土曜日は平日と同じ時間帯になる場合があります。

歌劇の上演時間は基本「芝居＋ショー」の2本立てに幕間休憩時間合わせて約3時間です。となると平日の1回目と2回目のインターバルは1時間弱で、2回目の開場は開演30分前が基本なので、約30分で1回目の顧客の退場と館内整理、2回目公演の諸準備をせねばならず、とても慌ただしくなります。

一方、舞台裏でも1回目のショーから2回目の芝居への舞台装置の転換、衣装の準備や照明・音響などの微調整が時間をにらみながらテキパキとなされていきます。このあたりは、舞台の表も裏も勝手知ったる宝塚舞台の中でもベテランが仕切っているので、事が流れるように進み、はたから見ていて「美しさ」を感じるくらいです。

このあたりにも「何でも自前主義」のメリットが表れていますが、その「美しさ」が最も顕著に表れるのが2回目公演開演から退館に至るプロセスにあります。

翌日に公演を「乗り打つ」場合、当日のうちに翌日の会場の近くにたどり着くことが業務遂行上も危機管理上も裏方業務の最大の使命となります（出演者は基本、翌日移動ですので、終演後は会場近くの宿泊先に向かいます）。

平日の場合は2回目の開演時間は18時ですから、終演時間は21時を回ります。そこからいかに素早く撤収して、翌日の公演場所に近いところまで移動するかがポイントになります。

全国ツアーの装置や衣装類の移動には大型トラックを使いますが、2回目の公演がスタートすれば、直後にそのトラックが会場の搬入・搬出口に横付けされます。

公演はまず1幕の芝居からスタートするわけですが、その日の「出番を終えた」装置は舞台袖に残されることなく、次々に運搬トラックの中に吸い込まれていきます。道具担当者は2回目の舞台が始まると同時に撤収作業を始めていることになります。1幕の芝居が終われば、芝居の道具はすべてトラックの中に収まり、そして2幕のショーがスタートしていきます。

ショーも芝居と同じ段取りで、公演と同時に舞台裏では撤収が進んでいます。ショーも中盤を過ぎれば、開演前は足の踏み場もなかった舞台裏の空間ががらんどうになっていきます。終演すれば、後は吊り物中心の道具系が一掃され、次いで照明器具・音響器具、そして衣装類がこれまた効率よくトラックに運び込まれていきます。

衣装については、出演者各自の持ち物はカツラを含めて、不要になったものから下級生が中心となって搬出口のほうに運んでいくのが暗黙のルールで、出演者もスムーズな公演進行に協力しています。

トラックへの積み込み方にも工夫が凝らされています。翌日の会場への搬入がスムーズに進み、効率よく順番に取り出せるように積み込んでいくのです。

こんな作業を粛々とこなしていくことが、スムーズな公演遂行には欠かせません。そのため、全国ツアーの巡演先とその順番が決まると、担当者が「ロケハン」して搬出入ルートや楽屋、舞台袖などの位置関係を確認し、いかにスムーズに公演を運営するかを考えてから本番に臨んでいます。

1回のツアーで回る公演先をすべて頭に入れる――これもまた「神業」と言っていいでしょう。ここで書いたことは決してファンの目に触れることはありませんが、旅興行ならではのシーンの一つと言えます。

生徒にも好評

宝塚歌劇にとって全国ツアーはハイリターンをもたらす優良な商品です。新たにこのツアー向けの作品をつくるわけではなく、基本的に宝塚大劇場→東京宝塚劇場を巡演した作品の続演なので追加コストがあまりかからないからです。

しかしながら、公演を阪急から購入する各地の興行主にとっては、その地方での初公演となり、地元のタカラヅカファンにとっては「初見」（大劇場へ行かれる方もいらっしゃいますが）の場合が多くなり、喜ばれます。

ゆえに、全国各地の興行主にとって宝塚歌劇の全国ツアー公演はぜひとも開催したい公演となり、争奪戦が激しくなるわけです。

リスクがあるとすると、それは台風を筆頭にした気象条件でしょうね。

万が一台風などの影響で公演が中止になると、各地の興行主催者にとっては大きな痛手となります。何しろタイトなスケジュールの中での興行ですので、代替公演を組むことはなかなか難しく、地方の興行主にとっては2、3年に一度の機会を逸することになってしまうからです。

全国ツアーに関して注目していただきたいもう一つの視点は出演者に対する対策（宝塚では「生徒行政」と言っています）です。

宝塚大劇場ならびに東京宝塚劇場公演での本公演の開催中は当然のことながら、宝塚・東京にはりつくことになりますが、一方、全国ツアーとなれば仕事とはいえ「旅行気分」も味わえます。出演者にとっては良いリフレッシュになり、実際、出演者から好評を博しています。

公演（特に後半のショー部分）でも、開催地の近隣の出身者を「ご当地さん」として紹介したり、各地の方言などを取り込んだアドリブをしかけてみたりと、出演者たちも結構楽しんでいます。また、それが観客にも好評です。

株主たちの真意は？

さて、「宝塚歌劇はあえてロングランをしない」という阪急の経営判断に対して、利益を重視する株主や投資家たちは、どう思っているのでしょうか。

宝塚歌劇の親会社である阪急阪神ホールディングスの株主総会を見ている限りは、取り立てて異議申し立てをする株主は出ていません。

過去に目を向けると、2006年にプリヴェチューリッヒ企業再生グループ（当時）が阪急ホールディングス（同）の株式の5％超を取得して筆頭株主に躍り出た際、大株主としてプリヴェ側は、宝塚歌劇団の株式上場提案を検討していました。

宝塚歌劇は事業として利益を上げているのですから、大株主としては当然の要求でしょう。しかし、このプリヴェ側の提案は他の株主・投資家の賛同は得られず、正式な提案には至りませんでした。

その理由の一つには、阪急阪神ホールディングスの株主構成があるのではないかと私は考えています。

2019年3月末現在の阪急阪神ホールディングスの株主構成を同社のホームページで見ると、個人株主の保有比率が約42%となっています。一般的な事業会社に比べて個人株主の比率が比較的高いといえるでしょう。内訳は明示されていませんが、これら個人株主の方の中には、おそらく「阪急沿線」や「阪神沿線」にお住まいで長期間、株式を保有している方が大勢いらっしゃるのではないでしょうか。

小林一三翁が開発した高級イメージの阪急沿線にお住まいの方々にしてみれば、この世に二つとない宝塚歌劇の存在は、ある意味、阪急阪神ホールディングス株を取得、長期保有することの象徴的意義を持っているのではないかと考えます。

従って、利益を追求するという株主にとって当然の要求も、宝塚歌劇という「象徴」に対しては良い意味で沈黙せざるを得なくなっているのではないでしょうか。

やはり小林翁によって生み出された宝塚歌劇という「偶然」の重要性を改めて考えねばならないと思います。

第4章のまとめ

本章では宝塚歌劇が「あえて意図的に」ロングランしないことの理由を見てきました。誰しも、ヒット作品を出してロングランすれば、利益が出ることを知っています。しかし宝塚歌劇はロングランしません。

それは宝塚歌劇の、いわば経営理念である「清く正しく美しく」が意味するところのファンとの信頼関係の構築・維持が歌劇経営の屋台骨を支えていて、もしロングランすればそれが崩れる可能性があるからなのです。

ここまで三つの謎を解いてきましたが、そのすべてに創設者である小林一三翁の存在が深く関わっていました。やはり、宝塚歌劇の発展には小林翁の存在がなければならなかったことを改めて認識しました。

第5章　謎その4「どこでもファン」の謎

～なぜ繰り返し見るのか

初心者が見るのは至難の業

ここからは、宝塚歌劇の代名詞ともいえる「どこでも満席」についての謎解きに入ります。

なぜ宝塚大劇場ならびに東京宝塚劇場だけでなく、全国ツアーも宝塚バウホールも、そして宝塚歌劇関連のありとあらゆる興行が満席になるのでしょうか？　確かに、私が事業を担当している時にも、知人から頻繁に「なぜ宝塚歌劇は宣伝をほとんどしていないのに、満席になってしまうのか、不思議だ」との意見を頂戴しました。

宝塚歌劇に限らず、ミュージカルやストレートプレイといった演劇をご覧になる方は多いと思います。皆さんは、そのチケットをどのようにして確保しますか。一般的には興行元のホームページに開設される「特設サイト」などを通じてのアクセスや、プレイガイドを経由してのアクセスが主流だと思われます。

当然、宝塚歌劇にもホームページが存在します。初めて宝塚歌劇をご覧になろうとする方は、まずはこのホームページを開くことになるでしょう。ところが、ご覧になればわかりますが、ほぼすべての公演でホームページ上の空席状況は「×」、すなわち「空席がない」状態になっています。

ホームページから申し込むのが無理となれば、次に考えるのは一定の配券を任されているであろう各プレイガイドへのアクセスとなりますが、これもまた「×」のオンパレードとなっているのが宝塚歌劇の実情です。これでは初心者が宝塚歌劇を見ることは至難の業と言わざるを得ません。

加えて、宝塚大劇場や東京宝塚劇場といった「本公演」と呼ばれる主力の公演だけでなく、若手主体の宝塚バウホール公演や、全国ツアーといった公演も同様にチケットがなかなか確保できません。

なぜ、このような事態になっているのでしょうか？　考えようによっては不思議ですよね。周りを見渡しても宝塚歌劇のファンがそんなに数多く存在しているわけではないでしょうし、テレビでCMを大々的に流しているわけでもありません。ましてや、男役トップスターの退団記者会見でもない限り、ニュースのネタに取り上げられることも少ないのが実情です。であるのに、なかなか見ることができないのです。

しかしながら、本書をここまでお読みいただいている皆様には、すでにお気づきの方もいらっしゃるかもしれません。宝塚歌劇がすぐ満員になる最大の原因は、1公演当たりの総座席数＝キャパシティーが小さい点にあるのです。ベースとなる宝塚大劇場公演、東京宝塚劇場公演のフルキャパシティーがそれぞれ約10万～12万席にとどまってしまうのが最大の原因なのです。

加えて前章で詳しく説明した通り、興行ビジネスの王道であるロングラン公演の形態を宝塚歌劇は取っていません。このため、どの公演でも提供される座席数は約10万～12万席から絶対に増えません。そもそも「有限」なのです。

しかし、それが理解できたとしても、宝塚歌劇に関する「ありとあらゆる」公演が満席になるのはなかなか理解しづらいと思われます。「知る人ぞ知る」タカラヅカの公演がなぜどの公演も満員御礼なのか？と考えると、「1人で何回も見ている人がいるのではないか」という仮説が思い浮かんできます。すると、「じゃあ、誰が何回も見ているのか」との疑問が湧き、さらには「なぜ、何回も見る必要があるのか」という謎が浮かび上がってきます。

何はともあれ、各公演の客席の様子から見ていきましょう。

ファンから見た「宝塚バウホール」公演

宝塚歌劇の本拠地、宝塚大劇場に隣接する宝塚バウホールは、客席数約500席の小さな小屋ですが、宝塚歌劇ファンにとってはなくてはならない、というよりも通過しなければならない「聖地」です。

バウホールで開催される演目は基本的には大劇場公演とは異なり芝居オンリーになりますが、最大の特徴は何といっても、「主役」を将来性が買われたトップスター候補の若手が務めるということにあります。

つまり、その若手は「座長」という地位を初めて獲得するのであり、公演ポスターも自分がセンターに大きく写るものが製作・掲出されます。当然、ファンの間でもいやが応でも注目される存在になります。

宝塚歌劇の作品を「制作」（「創って」）する宝塚歌劇団では、各組のスター候補としてその生徒を、バウホール公演よりも前に「新人公演」で主役を務めさせるなどして重要なステップを経験させています。ですから、生徒自身も「次はバウホール公演の座長」と予測はついているものです。

生徒と同様に、ファンクラブのほうも当然、座長公演へ向けた「準備」を始めています。前章で説明したように、各組の公演ローテーションは比較的早めに公表されますし、規則性があるため、座長となる可能性がある「バウホール公演」のスケジュールもおおよそ推測することができます。

そして、その座長候補も、各組若手かつ「新人公演」の主演経験者となると、ごく少数に絞られるので、ファンクラブ側もそれ相応の準備ができるのです。このことが、制作側とファンとの信頼関係という、宝塚歌劇事業の継続・発展に不可欠な要素になっていることは先に説明した通りです。

では、その準備とは何なのでしょうか。

いうまでもなくその第一は、できる限り多くのファンがその公演を見に行くことです。数少ないバウホールでの座長公演を成功させることができれば、究極の目標である「男役トップスター」へとつながる次のステップへ進む可能性が高まるのです。

そのためには、生徒にとっては素晴らしい演技で歌劇団制作スタッフにその成長度合いと今後のポテンシャルを見せつけなければなりませんし、ファンクラブにとっては、歌劇団、そして興行主催者である阪急にファンの動員力が申し分ないものであることをアピールしなければなりません。この両方が同時に可視化されて、初めて「トップ」が見えてくるのです。

従って、ファンクラブは全力でバウホール公演に会員を動員します。同じ組の入団年次が近いライバルの人気に劣ることがあるようですと、今後の処遇に影響する可能性が高くなってきますから、ファンクラブにはなおさらプレッシャーがかかります。そのため、ファンクラブ会員は持てる力を総動員して公演を見に行くファンを増やすことになります。多くのファンが詰めかければ詰めかけるほど、客席はそれぞれのファンクラブの人たちで埋まってしまうことになります。

ファンから見た「全国ツアー」公演

バウホール公演での満席の理由は、公演の性格がトップスターをめざす若手スター候補の登竜門であることに由来する点が、よくご理解いただけたと思います。それでは続いて「全国ツアー」について、同じくファンの立場に立って公演の様子を見ていきたいと思います。

全国ツアーは、バウホール公演など他の公演と並行して実施されます。これも前章で説明しましたが、組を2分割して一方をバウホール、もう一方を全国ツアーという組み合わせにしてスケジュールを組んでいくのです。

バウホールには若手のスター候補が集結し、脇を上級生で固めるのがキャスティングの基本になりますので、全国ツアーはトップスター以下の上級生を中心にメンバーが決められていきます。

また、加えて2番手スターを全国ツアーに帯同させず、ディナーショー開催のほうに回ってもらうこともあります。ディナーショーは、公演中心の宝塚歌劇団のスケジュールから見てなかなか実施しづらいのですが、ファンにとっては貴重な機会になりますし、開催する阪急阪神系列のホテルの販売促進の強力な手段となります。当然、ディナーショーのチケットはホテル側が何もしなくともファンたちが買ってしまいますから、ここでも同様に満席になります。

このような全国ツアーの性格を前提にしてファンの心理を考えてみましょう。全国ツアーは、なぜ満席になってしまうのでしょうか。そのカギは、若手のスター候補や上級生である程度人気のある生徒がバウホール公演に流れることにあります。誰がバウホールに流れるかで全国ツアーの様相が大きく変化するところがミソなのです。仕組みを説明しましょう。

すでに述べてきた通り、全国ツアーの演目は基本的に直前に開催される宝塚大劇場→東京宝塚劇場公演と同じ演目になります。ところが、組が同時期に実施されるバウホール公演との2分割になるため、出演者の構成が大きく変化します。

何が発生するのかといいますと、宝塚大劇場→東京宝塚劇場公演である程度重要な役柄を担っていた若手スター候補や上級生がバウホール公演に流れることによって、宝塚大劇場→東京宝塚劇場公演よりも相対的に全国ツアー公演出演者の「番手」（公演でのポジション）が上がるのです。すなわち、せりふや歌、ダンスといった見せ場が増えたり、新しくできたりするわけです。

これは、その生徒のファンにとっては「絶好の推し時」となるのは明白ですよね。なにせ、次回の宝塚大劇場→東京宝塚劇場公演では、バウホールに流れた生徒たちが復活してくるわけで、そうすると本公演でのポジションはまた元に戻ってしまう可能性が高くなります。それを承知しているファンは、「ひょっとしたら、このようないい役は退団までに二度と見られないかもしれない」などと思うものです。

すると、応援する生徒の「雄姿」をその目に焼き付けようと、我も我もと全国ツアーに同行することになります。つまり、全国各地を回る地方の公演ではあるものの、東京や大阪から全国ツアーへ向かうファンがかなり多いということになるのです。

一方、このような事情を抱えていないファンにとっても、全国ツアーは同じ演目でもキャスティングが変わりますから、それだけで興味がそそられます。また、前述したように、本拠地を離れた公演ということもあって、さまざまなアドリブ展開や開催地の近隣に故郷がある生徒を公演でトップスターが披露するといった、全国ツアーならではの楽しみもあるので、足を運ぶファンが多いことも特徴的です。

さらに公演だけでなく、付随して販売されるグッズ類、例えば公演プログラムも配役が変わることによって生徒の写真が大劇場版と変わります。特に、番手が上がった生徒では、公演衣装を身に着け、写真の大きさも格段に大きく扱われるという、これもファンにしてみれば二度とないかもしれない貴重な記念品となりますので、パンフレット類のグッズもどんどん売れていくのです。

このような事情は、宝塚歌劇全国ツアーが地方の興行主から多大なる人気を博する理由にもなっています。なぜなら、地元の顧客だけならチケットの売れ行きに一抹の不安を覚えるでしょうが、東京や大阪のファンもかなりの数を買ってくれるので、ほとんど販売促進しなくとも満席になってしまうからです。毎年、宝塚歌劇が争奪戦になるのもうなずけますよね。

一方でファンのほうも、この全国ツアーの巡演先にあわせて旅行の段取りを組むなど、楽しみ方は多様になっています。本公演とは違う趣向の宝塚歌劇を見た後で、その地方を観光しようというわけです。

このように、全国ツアーにおいても、他の公演とはまた違った理由でファンたちが次々に押しかけてきます。理由は異なれど、ここでも「何度も見る」ファンがいらっしゃいますから、やはり新参者にはなかなかハードルが高い状況です。

トップスターとの「退団同期」は……

さて、ファンたちがこぞって観劇することについての視点をもう一つ。

宝塚歌劇の大きな特徴の一つにトップスターを頂点とするスターシステムがあることはすでに述べました。そして次章で詳しく解説しますが、宝塚歌劇にはこのスターシステムとリンクしたファンクラブが存在しています。

トップスターのファンほど数も劇場に来る回数も多く、そのうえ宝塚歌劇はロングラン形態をとりませんから、トップスターの「サヨナラ（退団）公演」となると大騒ぎになります。

宝塚歌劇の「生徒」は、誰しもいつまでも歌劇団にいられるわけではありませんので、自分の退団時期をどうするかを考えています。そこで一つあるパターンが、在籍している組の男役トップスターと同じ公演で退団するというものです。

宝塚歌劇では、入団年が違っても同じ公演で退団した仲間を「退団同期」という言い方で特別視します。「男役トップスターと退団同期になるといい思い出になる」というわけで、その選択をする生徒が結構な数、存在するのです。

しかしながら、私はプロデューサー時代、この退団同期は生徒が希望しても勧めませんでした。なぜだと思われますか。

トップスターの「サヨナラ公演」はまさに興行主の阪急にとってドル箱です。放っておいてもチケットは「即完（発売と同時に完売）」が当たり前です。しかしながら、ドル箱といってもロングランできるわけではありませんので、基本的に通常公演と同じ座席数しか準備できません。

するとトップスターの退団公演となると、通常の公演以上にトップスターのファンたちが大挙してスターの最後を見に来ることになります。そんな時に退団同期を選択してしまうと、何が起こりますか。自分のファンが最後の自分の姿を見るチャンスが減ってしまうかもしれなくなるのです。

スターでなくても退団公演となると、観劇の需要は増えるものです。そんな時に退団同期者が増えると、最後の姿を見られなくなるファンが出てくるのは明白です。だから私は、トップスターと退団同期になるのは思いとどまったほうが賢明だと生徒に伝えていたのです。

「初日見て、中日見て、楽見て」

以上のように、宝塚歌劇の公演にはそれぞれ特徴があって、ひいきの生徒を追いかけているファンにとっては、いずれの公演も見なければならない「希少価値」があります。ゆえに、ファンの人たちは全国どこへでもはせ参じることになるのです。

このような視点で宝塚歌劇を眺めると、本公演（宝塚大劇場公演、東京宝塚劇場公演）にも同じことが当てはまることがわかります。

ファンの中には、やはり本公演の期間中、何度も観劇する方が大勢いらっしゃいます。なぜファンの方々が何度も見るかというと、それはひいきの生徒の成長を見守りたいからです。

宝塚歌劇ファンの間で日常的に語られる言葉は多々ありますが、「初日見て、中日見て、楽見て」は、宝塚歌劇の興行上の特徴並びにファンの気質をとても的確に表している名言といえます。

宝塚歌劇のファンは作品そのものよりも「推している」生徒の成長プロセスを楽しんでいます。同じ公演であっても、初日にはぎこちなかったものが、回を重ねるにつれてうまくなっていく。その過程をまるで親が子供の成長を楽しむかのように「消費」するため、旺盛なリピート需要が生まれるのです。

「初日」「中日」「楽」の3回だけでなく、何度も何度も観劇する猛者が相当数いらっしゃるはずです。

しかしながら、この名言は、一方でファンにとっては「過酷な状況」を言い表しているともいえます。

何回も見に行くと決めた公演が、毎度毎度応援する生徒にとって見せ場十分の、ファンにとってはうれしい作品であるとは限りません。中には、例えば担当する演出家との相性が悪かったりするような不利な条件が生じた場合、初日を見た段階で芝居に対する興味を失ってしまう可能性もあるわけです。

そんなとき、せっかく買ったチケットをファン仲間に回すのにも限界がありますし、なによりファン本人のプライドがそれを許さないものです。従ってこのような場合、作品内容にはまったく興味がなくても観劇を続けなければならないというコストを支払うことになります。

料金だけでなく時間も含まれますから、これはかなりのコストです。しかし、それを克服しなければ、ひいきの生徒が「スターシステム」に乗って上をめざすことができなくなる可能性が出てきますから、ファンたちは毎公演、「初日見て、中日見て、楽見て」を繰り返すことになります。

ファンは、どんな人たち？

いったい、この「何度も何度も観劇する宝塚歌劇のファン」って、どんな人たちなのでしょうか。タカラヅカのファン気質について、私の経験も参考にしながらご紹介したいと思います。

多くのファンの方々に聞いた話では、ご自身が宝塚歌劇ファンになったきっかけは、「家族や友人に誘われて」や「団体旅行で観劇に来て」などといったものが多いようです。

最初は「宝塚歌劇なんてどうせ大したことない」というバイアスがかかっている場合もあるのですが、劇場に来てみると、「意外といけるやん」となり、「これなら、また見に来てもいいか」と心が動いていき、いつの間にかファンになり観劇を繰り返す——こんなプロセスを大勢の方から聞きました。

これはマーケティング戦略の基本中の基本といえる「期待≦効用」を、宝塚歌劇がしっかりと押さえているということになります。第2章で取り上げた宝塚歌劇の創設者である小林一三翁は、自身も文学青年であったゆえに、少女歌劇であってもプロの舞踊家や声楽家を招いて芸事を一から教え、観客の鑑賞に堪える体制を整えました。それゆえ、地方から来た初見のお客様が、「事前に想像していたレベルと、良い意味で全く違う」と感心しながら観劇されているのを度々見かけます。

宝塚歌劇の世界に入り込んできたファンの人たちが口々に語るのは、「何度でもタカラヅカの夢の世界に浸りたい」という言葉です。宝塚歌劇はさまざまな非日常世界の演出で、その欲望を満たしています。次のような声が代表的なものでしょう。

「タカラヅカ作品の特徴は何といってもフィナーレの主題歌リフレインです。子供でも覚えられるわかりやすい歌詞で、私たちは次回もまた夢の世界に浸りたいと思ってしまいます。構成がすばらしいと思います」

「3時間が夢のごとくあっという間に過ぎてしまいます。それは作品内容の良しあしに関係なくタカラヅカの不変の真理のような気がします。とにかく、嫌なことはすべて忘れて没頭できる、この世に二つとない空間です」

宝塚歌劇は作品内容の良しあしにかかわらず、いかなる作品も最後は26段の大階段が登場し、それを大きな羽根を背負ったスターが下りてきて、舞台いっぱいにパレードを展開します。主題歌のリフレインによる「夢の世界の刷り込み」で、宝塚ファンは直後に戻る家庭、職場といった現実世界で生きることへの活力を注入されるのでしょう。そして、エネルギーチャージのために、またいずれ再びこの夢の世界へ立ち戻ることを観劇するたびに確信するのです。

「宝塚歌劇はお遊戯会のよう……」と、その芸術性を疑問視する声に対してファンはこう言います。

「芸術性については、タカラヅカファンはそんなに高度なものは求めていません。むしろ芸術的なことは求めていません。なぜなら、完璧なものなら1回見れば十分ですから。毎回変わる＝成長するからファンは何度も通うのです。それが劇団四季や東宝ミュージカルにないタカラヅカの最大の特色だと思います」

「タカラヅカファンは純粋ですから、あり得ないこと、架空、桃源郷など芝居の設定が矛盾だらけでもまったく構わないのです。ひたすら男役のカッコいい姿を求める、これがタカラヅカファンの心理です」

こうした意見は、宝塚歌劇がファンとの価値共創で成立していることを明瞭に物語っています。その価値共創の対象は、作品ではなく「虚構（繰り返しますが、うそ・偽りではなく、この世に本来存在しないものという意味）」としての男役スターという唯一無二の存在であるのです。

宝塚歌劇の独自性（他との差別化要因）についてはさらに、「芝居での、ちょっとした矛盾がむしろ心地よい。それができるのは座付き作家と勝手知ったるスタッフの存在があるからです。ファンはいかなる脚色にも納得できます」「タカラヅカファンはオリジナリティーを重視します。劇団四季や東宝ミュージカルなど他の芸術鑑賞とは全く別物であると考えねばなりません」といった意見が大多数であったと記憶しています。これこそ今も昔も変わらないファンの心理です。

これらの意見は、さまざまな矛盾をタカラヅカファン自らが納得することが、ファンコミュニティーに参画するための暗黙の了解事項であることを示しています。また、オリジナリティーを支えているのは、「垂直統合システム」を構成する座付きのスタッフであることもファンの方々は認識されており、それこそ草創期から継続する宝塚歌劇ファンの特殊な能力であるといえます。

ファンの「リピート力」

どうですか。ファンたちは、さまざまな公演に希少価値を見いだして次々に公演にやってきて、それも複数回が当然――これがタカラヅカファンたちの世界です。ドラえもんの「どこでもドア」ではありませんが、「どこでもファン」と言ってもいい状況があります。

このような「リピート力」を持ったファンが数多く存在することが、今の宝塚歌劇の隆盛を支えています。

リピートすることでひいきの生徒の成長を見守り、それをファン仲間同士で共有するのです。別の見方をすれば、もし共有できない状況があれば、それは仲間内での孤立となり、自分が受け入れられなくなる――そんな耐え難い境遇を回避するために、「どこでもファン」が存在するのだとも考えられます。

●第5章のまとめ●

宝塚歌劇の公演をファンの視点から見てきましたが、ロングランしないという物理的な根拠に加えて、いかなる公演においても何度も何度もリピートするファンの存在が浮かび上がってきました。

そんなファン気質の集合体が次章で取り上げる「ファンクラブ」となります。続いては、そのファンクラブの内実に迫ってみたいと思います。

第6章　謎その5「ファンクラブ」の真実

~タカラヅカの力の源泉

ここからはファンクラブの存在に迫っていきます。この章を進めていくにあたっては、私の主観だけでなく一部関係者へのインタビューを織り交ぜて客観的に分析を進めていきます。

宝塚歌劇で興味深い点はこの「ファンクラブ」（ファン会）の存在でしょう。何か不思議な集団、でも少しだけのぞいてみたい――宝塚歌劇に関心を持たれた方なら一度はそのような思いを抱かれたことがあると思います。

私も正直、最初はそのように思っていました。私は阪急電鉄で「宝塚歌劇団出向」の辞令を受け取るまでは、ライブで歌劇公演を見たことがありませんでした。その理由は、一つに小劇場を見続けていたため「宝塚歌劇はしょせん『お遊戯会』みたいなもの」という強烈なバイアスがかかっていたことと、もう一つはこの不思議なファンクラブの存在の2点からでした。

ところが、宝塚歌劇を知れば知るほど、ファンクラブこそがまさに「宝塚歌劇事業の競争優位性」の根源にあることを思い知らされていきます。ここでは、さまざまな角度からファンクラブを分析していきたいと思います。

ファンクラブ最後の大仕事

２０１９年9月30日。この日は当時、花組男役トップスターだった明日海りおさんの宝塚大劇場「最後の日」でした。

この後、東京宝塚劇場の公演を控えてはいましたが、本拠地・宝塚大劇場において、彼女の雄姿が見られるのはこの日が最後となります。明日海さんのファンクラブにとっては、長年伴走してきたトップスターの本拠地最後の晴れ姿を華々しく飾るべく、ある意味「最後の大仕事」を行う日となります。

トップスターが公式の退団発表を行う際、ファンクラブの幹部は当然、発表の前にその事実を知ることになります。

宝塚歌劇の場合、トップスターに就任すれば、あとは「卒業」（退団）を残すのみとなります。大相撲の横綱と同じです。２番手以下への陥落は絶対にありません。従って、ファンクラブにとってひいきの生徒がトップスターに就任する日は、最高に喜ばしい日になるとともに、その瞬間から卒業を意識せざるを得なくなる、そんな複雑な気持ちになる一日でもあります。

「最後の大仕事」は、最終日にトップスターを送り出す儀式を行うことにあります。これこそファンクラブの腕の見せ所です。

ファンクラブの会員だけでなく、その組の他の生徒も巻き込んでさまざまな趣向が企画され、宝塚大劇場の周辺で展開されます。「楽屋入り」に始まり、「楽屋出」＝「サヨナラパレード」まで……。会員たちは、伴走してきたそれまでの長い日々を振り返りながら、記憶に残る一日を演出します。

そして、ファンの関心事はやはり「動員」です。一般的にイベントの動員は天候などの外部要因に大きく左右されますが、上記のような特殊な位置づけから、宝塚歌劇のトップスターの「最後の日」は別格になります。

雨が降ろうが槍が降ろうが、最後の「推し時」ですから、多くの方々が最後の雄姿を目に焼き付けようと、宝塚大劇場の周辺に集まります。

明日海さんの場合、報道では「約8千人」が集まったとされています。平日（月曜日）の夕刻、しかも大都市から離れた郊外の宝塚におけるこの数字です。ファンクラブの皆さんは、役目を果たして面目躍如といったところではないでしょうか。

ファンクラブとは何か

タカラヅカファンの観劇の方法については前章でご紹介しましたが、ファンクラブとは、主として男役スターを応援するために、そのスターのファンが集合して自然発生的に出来上がった組織です（ただし歌劇団はファンクラブを公認していません）。

宝塚歌劇の場合、究極の目標であるトップスターの地位に駆け上がるには、いくつかの経験しなければならないポジションがあることは、ここまで紹介してきた通りです。

最初の、そして必須の関門である「新人公演」（本公演期間中に東西各1回だけ行われる、入団7年目以下の生徒のみが本公演の芝居と同一演目を演じる公演）の主役を経験した段階で、その生徒のファンたちはトップスターの座を明確に意識するようになり、ファンの組織化に動くといわれています。

ただし実際は、ファンたちはその新人公演での動員力も歌劇団はウォッチしていると思っていますので、もっと早い時期からその生徒のファンクラブは出来ていると考えられます。

宝塚歌劇には花組・月組・雪組・星組・宙組の五つの組があります。それぞれにトップスターがいて、2番手、3番手……と上位の番手が明確で、それぞれの生徒にファンクラブが出来上がっています。

10年後のスター候補ということで、若手のファンクラブも存在しますから、その数は規模の大小合わせて常時「数十はある」といわれています。

組織化は「ベルばら」以降？

続いてファンクラブの歴史について考えてみましょう。

ファンクラブがいつごろ誕生したのかについては、定説はないようです。

しかしながら、私の宝塚歌劇団時代の上司であるHさんによりますと、「ベルサイユのばら」の空前の大ヒットによって、大勢の「ニューカマー」が押し寄せてきてファン層が拡大し、その流れの中からファンクラブが出来上がっていったというのが有力なようです。

Hさんによりますと、当初は生徒とファンの間には「お友達」といわれる関係性があったとのことです。

トップスターが「花のみち」を歩いていると、自然とこれらのお友達が寄ってきて、そのまま喫茶店に寄っておしゃべりする、そんな感じだったそうです。

今では想像できないのどかな風景だったのですが、「ベルばら」のヒットで、それまでのファンとは違うルート、例えば原作漫画のファンが、そのまま宝塚歌劇のファンに移行するといった現象が出てきました。

そして前にも紹介しましたが、それまでのファンは生徒を本名や愛称で呼んでいたのが、新しいファンの中には「オスカル」「アンドレ」などと、「ベルばら」の役名で呼ぶファンが出てきました。

中にはそれまでのファンの「流儀」を軽視するような人もいて、「入り待ち・出待ち」の際に生徒がけがをするといったトラブルも発生するようになります。そうすると、お友達である生徒を「ガード」する必要性が出てきて、熱心なファンたちが自発的に「ファンクラブ」を組織化していったのではないかと考えられています。

本公演は「戦場」① 「入り待ち・出待ち」

前章で見たように宝塚歌劇の公演で圧倒的な観客動員力を誇っているのはファンクラブです。なぜ動員をするかというと、ファンクラブのファンたちは宝塚歌劇団が生徒の力を確認するバロメーターとしてこの動員力を使っていると見ているからです。

多くのファンが観劇すれば生徒の序列アップにつながるとも信じられているため、ファンクラブは必死になって会員を集めるのです。

ファンクラブがその動員力を外部に目に見える形で示せる格好の舞台があります。それこそ宝塚大劇場と東京宝塚劇場で行われる本公演での「入り待ち・出待ち」です。

これは本来は応援する生徒に声援を送り力を与えるというファンならではの行為なのですが、宝塚歌劇の場合は、その行為自体がデモンストレーションになるといわれています。特に、生徒が楽屋入りの際に多くのファンを引き連れて歩く行為は、「数は力なり」を見せつけられますから、ファンクラブにとってはとても力が入るようです。

少し詳しく説明しましょう。

目当てとする役者が劇場の楽屋に入場するときに、楽屋口で待ち構えて見送ることを「入り待ち」、一方で終演後に楽屋から出ていくさまを見守る行為を「出待ち」といい、宝塚歌劇に限らず演劇興行では一般的な見慣れた光景です。

ところが宝塚歌劇の「入り待ち・出待ち」には、他の興行では見られない特徴があり、それが一般の方から見て一種の「違和感」を漂わせるようなところがあるため名物となっているのです。

宝塚歌劇の生徒が宝塚大劇場で公演を行うときは、開演の2時間前くらいから楽屋入りします。従って、ファンの方々はそれ以前から周辺に集まり、楽屋入りを見届けることになります。

宝塚歌劇の楽屋入りの特色の第一は、ファンクラブの会員が楽屋口よりもかなり前方から、生徒の後ろに数珠つなぎ状態となって歩いてくることです。

これは先に述べた、かつてスターとファンが「お友達」と呼ばれていたころの名残かもしれませんが、生徒の後ろをぞろぞろと、あたかも「行進」するようにファンクラブの会員たちが歩くのです。

そして楽屋口に到着するやいなや、付き従ってきたファンたちは一列に整列してその場にしゃがみ込み、楽屋入りする生徒に「お手紙」を渡します。ＳＮＳ全盛の時代ですが、宝塚歌劇の生徒はＳＮＳ禁止なので、アナログな「お手紙」がファンと生徒を結びつける唯一のコミュニケーション手段となっているのです。

こうした光景は初見の方なら驚かれると思いますが、ファンにとっては毎日見慣れた日常光景です。そしてファンクラブにとっては、これがチャンスなのです。繰り返しますが、付き従うファンの数を見せつけることができるからです。

ファンクラブの究極の存在意義とは、応援する生徒が男役トップスターの座に上り詰めることです。そのために日々、さまざまな努力が続けられており、「入り待ち・出待ち」もその一つです。

それぞれのファンクラブが同じアピール合戦を劇場周辺で毎日繰り返しています。そのことを考えると、本公演はファンクラブにとって「壮絶な戦場」になっていると言えるでしょう。

「入り待ち・出待ち」余聞

「お手紙」を一人ひとりが差し出し、それを生徒が受け取る行為は、まさに一瞬です。手渡すファンは、その一瞬のためにかなりの時間を費やします。お手紙を書く時間、楽屋入りを待つ時間、行き帰りの時間……。でもお手紙を手渡して、運が良ければ生徒に一声かけてもらえる可能性があり、それこそ「一瞬の極楽」になります。その極楽を味わいたいために時間をかけてお手紙を書くのです。

なぜファンクラブの人たちは、この一瞬のために、多大な労力とコストを惜しげもなく払うのでしょうか。

その答えはやはり宝塚歌劇が「虚構」(うそ・偽りではなく、この世には存在しないものという意味)からスタートしている唯一無二の存在であるからだと考えられます。男役という存在を、ファンクラブの幹部クラスなら入団当初から支援し、伴走し続けています。であるからこそ、ファン一人ひとりの「自己関与性」の発露として、そろばん勘定を抜きにして一瞬に懸けているのではないでしょうか?

さて、楽屋入りを見届けたファンたちは当然公演を観劇する、となるはずですが、集まったファンの方々が全員、当日の観劇チケットを持っているわけではありません。では、チケットを持たないファンの方々は、そのまま帰宅するかというと、実はそんなことはありません。かなり多数の方々が「出待ち」まで劇場周辺で待機しています。

カフェや劇場内の施設を利用しながら、公演終了まで時間をつぶすのですが、その際にはファンの仲間同士で会話が盛り上がるのだそうです。

こういう行動をとるのは、女性ファンの方が多いようです。男性の私にはなかなか理解できないことなのですが、実は、そこにも宝塚歌劇の強さ、ファンの消費力の強さが表れています。観劇客を見ていても、たった一人で観劇される方は少数派です。宝塚歌劇の場合、一人ではなく、複数のグループ観劇が大部分になるため、宝塚に関する消費行為もおのずと「競い合う」構造になるからです。

ライブビューイングの意外な効用?

第1章で公演の様子を映画館で同時中継する「ライブビューイング」が流行っているこ

とを取り上げました。

劇場でのライブ感を考えると、私はライブビューイングはディープファンには向かないのではないかと考えていました。しかし、ディープファンの特性を分析すると、案外そうではない側面があるようなのです。彼女たちもライブビューイングに通っている可能性が出てきているのです。

それは彼女たちのタカラヅカに対する感情移入の結果と思われます。どういうことかというと、宝塚歌劇のディープファンは一般的に、経済的にも時間的にも心理的にも余裕のある存在と捉えられます。相変わらずの「チケット難」に加えて、ビジネスでも活躍しているディープファンは忙しすぎて劇場に行きたくても行けない状況であることが容易に想像できます。

するとディープファンは何らかの「うしろめたさ」を感じるものです。ライブビューイングは、それを解消する格好の手段になります。「劇場に見に行けなくてごめんね」「1回しか見られなくてごめんね」。ライブビューイングでスクリーンを見ながら、ディープファンたちはこうつぶやいていることでしょう。

つまりディープファンにとって、ライブビューイングは観劇できないことの「免罪符」になりうるのです。今やライブビューイングさえ「チケット難」に陥っているそうですが、案外こういうことが大きな要因なのかもしれません。

本公演は「戦場」②序列はこうして決まる

また、生徒の番手が上がるにつれて、写真集、ブロマイド、ポストカード、文具といった関連商品が専門ショップの「キャトルレーヴ」を通じて販売されます。このような関連商品の売り上げもカウントされているとファンは信じています。

中には商品のデザインをスター本人に委ねる例もかなりありますが、その場合、生徒はファンクラブの代表にどうするかを必ず相談しているはずです。

そんな生徒とファンクラブの代表の「共作」ともいえる商品が発売されれば、ファンクラブの会員はこれまた競うように購入していきます。ファンたちの購入意欲をそそるという点で、この「デザインをスターに任せる」という手法はファン心理を読み取った素晴らしい戦略と言えます。

ファンクラブの中には「序列」があり、それは年功序列や社会的地位の上下などで決まるのではなく、チケットや関連商品の購入額など、スターのために使った「投資額」と密接に結びついているといわれています。

この序列は、楽屋の「入り待ち・出待ち」の並ぶ位置や生徒に直接「お手紙」を手渡せるかどうかなどにも反映するとされています。目に見える場面での順番は、お金を使った順番になっている可能性が高いのです。

ファンクラブの会員も、お金を使うと生徒本人や周りの会員に対して自分の貢献ぶりを「見せびらかす」ことができ、それに大いに喜びを感じるファンもいらっしゃいます。ですから、関連商品がどんどん売れていくのです。

元代表が語る「ファンクラブは『タテ社会』」

ファンクラブの特色を一言で表現するとどのようになるのか――それを実際にかつて男役トップスターのファンクラブ代表を務め、現在は各組分け隔てなく全公演をウォッチしているMさんに伺いました。

「タカラヅカにはファンにも明確にわかる生徒間の序列（＝スターシステム）が存在し、それが覆ることがないのが良いところです。そこがファンクラブ（＝『無償の愛』）を成立させている唯一最大の根拠だと思います。

ファンにしてみれば、スターの卵を見いだして長期にわたって公演チケットの購入、東京などほかの公演への同行、グッズ購入などなど、さまざまな投資をします。その見返りに、3番手からはぶれずにトップまで駆け上がれる、そんな安心感があることが活動の大きな原動力になります。

一方、ファンクラブの側にも生徒の序列と対応する序列があります。『代表』を頂点とするスタッフ内の序列などです。その序列が過度の緊張感を生まずに機能しているのは、序列が覆らないというスターシステムへの信頼と、全員が結束して『男役という偶像（＝虚構）』の価値を高めるという共通目的があるからです」

Mさんは、スターの序列に逆転がないことを強調されています。トップの座が近づいてくると、それが確実になるわけで、それこそがファンクラブの活動の原動力になるとおっしゃっているのです。Mさんは続けます。

「つまり、タカラヅカは内（作品制作側）も外（ファン側）も『タテ社会』なのです。これまでの日本の組織の発展を支えてきたにもかかわらず、今の日本社会では否定される傾向が強い『上下関係』『タテ社会』がシンクロしていることが大きな特徴といえます。そのシンクロが生み出す効果については、ファンあってこその宝塚歌劇と理解している阪急側とファンクラブの間に、『持ちつ持たれつ』の関係が存在しているということなのです。

トップスターの会を筆頭にファンクラブが大勢動員して座席を埋めているという自負がファンクラブにはあります。それは阪急側も承知しているはずだと。一方、ファンクラブに入っていると、一般のファンよりは生徒と関われるようになります。つまり、動員力の対価として、スターと関わりが持てる、こんな構図が成立しているのが他のエンターテインメントにはない大きな特徴だとファンの側も十分認識しています」

「代表」の存在感

さて、ファンクラブの中にも序列があることは前述の通りですが、その頂点に君臨するのが各クラブにたった一人しかいない「代表」と呼ばれる至高の人たちです。宝塚歌劇には五つの組がありますから、各組男役トップスターのファンクラブ並びにその「代表」が宝塚歌劇ファンの頂点に鎮座しているといえます。

代表になると、ファンクラブのすべてを取り仕切ることができます。また、生徒の劇場への送り迎えや重要な収入源のひとつといわれている「お茶会」なども全面的に仕切る立場になります。

しかしながら、代表たちは自分の持てる時間の大部分を長年にわたってファンクラブの運営に捧げてきています。

代表にはある日突然なれるわけではありません。スターがまだ入団したての「幼い」ころから継続的に応援・支援し、相当額の投資をしているのは想像に難くありません。私も、あるファンクラブの代表から「高級外車、いや、家が建つほどの投資をした」という話をリアルに聞いた記憶があります。

お金以上に貴重な個人の資源といわれる時間を、代表たちはファンクラブの活動のために惜しげもなく投入しているのです。

トップスターのファンクラブの代表ともなると、2番手スター以下のファンクラブからの敬意を一身に浴びることができます。ファンクラブの中で「絶対的存在」になって、その組のファンのすべてを取り仕切ることができます。

観劇の「ルール」というべき側面にも、トップスターのファンクラブの代表が影響力を発揮する場面もあるようです。

劇場空間の中で、出演者と観客が一体化する手法として「拍手」「手拍子」がありますが、そのような一見何げない観劇行動でも、そのタイミングについては、他のファンクラブの人たちはトップスターのファンクラブ代表に確認するようなのです。

さらに細かく言えば「拍手間」（拍手が鳴り響く秒数）なども微妙なジャッジが必要になります。

宝塚大劇場、東京宝塚劇場公演は録音ではなく生オーケストラにより行われていますが、その指揮者にはこの「拍手間」のように微妙な、そしてファンクラブのさまざまな序列が反映された数秒のあうんの呼吸を踏まえたタクトさばきが求められます。

摩訶不思議な「お茶会」

宝塚歌劇のファンクラブ会員にとって、ある意味最大のイベントはこの「お茶会」ではないかといわれています。

その名から想像する通り、スターと最も身近に触れ合えるからです。ファンとスターの接点の中で、最もインナーで最もスターに近く、そして最もスターの素顔に触れられる――つまり、ファンが追い求める「虚構」の素顔への究極のタッチポイント（顧客接点）がお茶会というイベントと考えられます。

私は星組のプロデューサーを務めていましたが、はっきり言って当時は「お茶会」には全く興味がありませんでした。

ただ、私も宝塚歌劇の世界を卒業し、逆に外部目線で研究者として考えますと、「お茶会」は非常に興味深いイベントです。宝塚歌劇ファンの方々は、女性が演じる「男役」という究極の虚構の世界に身を投じ、10年以上をかけてその成長、成熟を見守ります。それが宝塚歌劇を他のエンターテインメントと差別化させる要因であり、100年を超えて成長を続ける原動力です。

この文脈で判断すると、ファンの方々は夢や虚構が崩壊しかねないスターの「素顔」に触れることは回避すると考えるのが普通ですが、タカラヅカファンはお茶会に進んで参加します。お茶会は綿々と受け継がれ、開催され続けています。

この状況はどう分析すればいいのか――ここは先にご登場いただいた、男役トップスターのファンクラブ元代表であるMさんに聞いてみることにしましょう。

「確かにスターは夢や虚構の対象ではあるけれど、10年を超えてずっと応援し続けていると、自分の娘のような感覚になってくるんです。女性ファンの方に多い感情だと思います。夢、虚構として追いかける遠い存在であると同時に、自分の娘、孫娘同然の身近な存在。古くからのファンには、その両極を行ったり来たりする感覚があるのでしょう。ですから、夢や虚構の対象が宝塚大劇場の舞台だとすると、対極の素顔を見ることができるのがお茶会という位置づけになるのです」

なるほど、宝塚歌劇ビジネスの対象が、多くの場合、女性であるがゆえの差別化要因を「お茶会」は見事に実現しているわけですね。

ただし、お茶会の位置づけはそれだけではないようです。Mさんの話を続けて聞きましょう。

「お茶会を仕切るのは当然ファンクラブの代表になります。私自身も経験しましたが、ファンクラブの代表は生活のすべてをスターのため、ファンクラブ運営のために捧げています。当然、経済的にも大変な思いをしているため、ある意味、スター及びファンクラブ会員からその『補填』をしてもらうという経済的な意味合いもありますね。

何かファンクラブに金銭にまつわる不祥事が起きたとき、すぐに『資金源』みたいな言い方をされますが、それで私腹を肥やそうなんて意図は全くないことは理解していただきたいところです」

お茶会はスターとファンクラブのメンバーがお茶をしながらざっくばらんにおしゃべりする場ですが、スターの素顔を確認したいというファンの欲求と、公私すべてをスターとファンクラブ会員に捧げる代表の欲求の両方を満足させるイベントともいえそうです。

ファンクラブの「宿命」

さまざまな面で宝塚歌劇の構造を特徴づけるファンクラブではありますが、どのファンクラブも共通する宿命を抱えています。それはスターの退団と同時に解散するという運命です。スターの中には、宝塚歌劇団退団後に芸能界に転身して活躍し、そのファンクラブも継続する例はありますが、歌劇団の男役スターのファンクラブとしては退団と同時に消滅することになります。

男役トップスターのファンクラブは、トップスターの地位に到達するまでの10年を優に超える長い旅路を歩んできています。しかし、スターシステムの宿命で後ろに次のトップスター候補が次々に控えていますから、その座にとどまることは許されません。トップスターに就任したその瞬間から、卒業（退団）へのカウントダウンが始まります。

従って、ファンの方々はトップスターの地位にある限られた時間を最大限に生かすため、さらに結束を固めていくことになります。10年以上かけて虚構としての男役を極めた生徒に対して、その有終の美を共に飾るべく結束します。

その結束の頂点が「退団の当日」となります。この章の冒頭で描いたことです。トップスターの楽屋入りと楽屋出からサヨナラパレードまで、ファンクラブの創意工夫の臨界点が発露します。楽屋入りはファンクラブの演出のもと、下級生も参加して盛大に行われ、その際には、下級生もファンクラブがその日のために特別にしつらえた「白の衣装」（なぜか、だいたい白）に身を包みます。生徒とファンクラブが特別な時間を共有するのです。

「サヨナラパレード」には、千秋楽を観劇された方だけでなく、サヨナラパレード目当ての観客も含め、何千人という群衆が宝塚大劇場前の公道である「花のみち」にあふれかえります。トップスターを集まったファンたち全員が見送るというのが宝塚歌劇のおなじみの光景です。

「サヨナラパレード」を見るたび私は、男役トップスターを頂点とする宝塚歌劇の頑丈さに思いをいたします。同時に、それがこれからも永遠に循環していくであろう宝塚歌劇ビジネスモデルの盤石さ、そしてそれを考え出した小林一三翁の偉大さを改めて思い知らされるのです。

●第6章のまとめ●

宝塚歌劇では、いわゆる「ベルばらブーム」と相前後する1980年代初めにファンクラブが誕生したとされています。

ファンクラブの側から見れば、スターシステムに乗っている以上、スターへの「無償の愛」を貫けば、いつかはその「ご褒美」を受け取ることができます。

片や阪急側から見れば、スターシステムを崩さず、ファンとの信頼関係を維持し続けることができれば、圧倒的な動員力でリピートしてくれるのです。強固なファンクラブの存在が宝塚歌劇の隆盛を支える一つの原動力になっていると言えます。

とはいえ、タカラヅカファンは厳しい一面も持っています。宝塚歌劇の男役は、

「男役10年」と言われるように、その独特で固有の様式美・佇まいを体得しなければファンの方々は一人前と認めてくれません。

例えば、衣装・小道具の捌き方であるとか、目線の送り方であるとか、りりしい立ち姿（後ろ姿）であるといった宝塚歌劇独特の世界観を舞台上で体現できなければならないのです。いわゆる「華がある」存在でなければ宝塚歌劇のファンの承認は得られないのです。

その意味で、長期にわたって伴走するファンの方々との信頼関係をいかに維持していくことができるかが、宝塚歌劇にとっての何より重要な経営戦略といえるでしょう。

第7章　タカラヅカが経済を変える!?

～「未完成マネジメント」の可能性

1.「未完成マネジメント」とは何か

宝塚歌劇から導き出す定義

ここでは、本書で見てきた宝塚歌劇のさまざまな「謎解き」から得られたこと、すなわち宝塚歌劇が100年を超えて愛され続け、事業としても継続・発展し続けている理由は、「ポスト資本主義社会」といわれる現代のビジネス戦略に応用することができるのではないか、という視点で論を展開していきます。

宝塚歌劇の最大の魅力は、何度も繰り返してきたように女性が男性を演じる「男役」という「虚構」の存在にあります。もちろん虚構とはうそ・偽りという意味ではなく、「この世に存在しないもの」が定義でした。

この世に存在しないのですから、当然、その「完成した姿」もありません。本来存在しない男役にファンが惹かれる理由は、ファンそれぞれの「理想とする男性」を、その男役にあてはめているからです。しかし、それには「完成した姿」はありませんから、ファンたちは一人ひとりの理想像を自由にあてはめることができます。従って、極端なことを言えばファンの数だけ理想像が存在するともいえます。

「男役10年」といわれるように、いくら歌やダンスの技量に優れていても、入団して間もない男役にはまだまだ色気は感じられません。舞台経験を積んでいくにつれて徐々に男役として磨きがかかっていくものです。

男役スターとファンの関係をこのように捉えると、宝塚歌劇ファンは何を消費していることになるのでしょうか。

それは、まさに応援し続けるプロセスそのものにあります。すなわちファンたちは、10年を超える長期にわたって、ファンそれぞれの「理想の男性（ただし、完成品は存在しない）」へとその男役が成長していく姿を、スターに伴走しながら消費しているのです。

とすると宝塚歌劇の経営戦略のポイントは、この永遠に完成しない「理想の男性」にファンたちが関わっていくチャンスをどんどん増やしていく、つまり男役とファンたちが関与度を高めていけるようなシステムを作っていくことにあります。これこそ「未完成マネジメント」です。

「未完成マネジメント」の特質

未完成マネジメントの特質とは、いったいどのようなものなのでしょうか？

これまでの宝塚歌劇の分析をもとにすると、次の4点が考えられると思います。

(1) 顧客との「価値共創」が重要ポイント

生産者側が消費者側に向けて一方的に価値を提供するのではなく、潜在的な顧客ニーズを顕在化させながら顧客満足度を向上させていくのが「未完成マネジメント」です。これを成功させるためには、強固でしっかりした顧客基盤の存在が欠かせません。

(2) 価値共創の前提は顧客との「信頼関係」

強固でしっかりした顧客基盤に加えて、顧客との信頼関係が構築・維持されていることが絶対条件となります。信頼関係なくして顧客との価値共創は不可能です。そして、企業経営的にさらに大切なことは、顧客との信頼関係があれば事業コストが劇的に減少する隠された効果もあります。

(3) 企業規模や売上高の大小に関係なく成功の可能性が広がる

「未完成マネジメント」の最大の特徴は、企業規模や売上高など、従来なら事業の帰趨を決するとされた要素がさほど重視されないことにあります。強固でしっかりした顧客基盤、そして信頼関係さえあれば、中小零細企業にもチャンスが広がるという意味で、ポスト資本主義社会にふさわしい競争環境が生まれます。

(4) 東京や大阪といった中心部に存在する必要はない

企業規模や売上高と同様に事業の成功確率を上げる要素として挙げられる都市部への企業立地という要素も、「未完成マネジメント」の成否には直接関係しなくなります。つまり地方の企業にも活路が開けます。

宝塚歌劇にあてはめて考えてみましょう。

宝塚歌劇は、東京でも大阪でもない「宝塚」という田舎から始まり(4)、当初は阪急の主力事業である鉄道事業への旅客誘致という位置づけ(3)からスタートしたのでしたね。まさに「イノベーションは辺境から始まる」のでした。

それが浮き沈みの激しいエンターテインメント業界で１００年を超えて存在し、今なお進化を続けているのは、ここまでで紹介した通りです。その根底には、「男役という虚構＝いつまでたっても完成しない対象」に、ファンクラブに代表される顧客がコミットメントして価値共創していく仕組みがあります（1）。

そして、ファンたちは「男役10年」といわれる長く険しい道のりを離脱することなく伴走し続けてくれます。ファンとの強固な信頼関係が確立されているからにほかなりません（2）。

これが、宝塚歌劇「未完成マネジメント」の内実です。

なぜ再演・続編が好まれるのか

さて、宝塚歌劇公演は前述の通りロングラン公演を実施していません。「創って・作って・売る」垂直統合システムのおかげで、宝塚大劇場と東京宝塚劇場で上演される公演は基本的に「オリジナル新作」というのが大きな特徴となっています。

しかしながら、いくら座付きの演出家を抱えていても、大劇場公演のすべてをオリジナル新作で賄うことはさすがに困難で、年間のいくつかの公演は過去に上演された名作の再演や続編を制作して上演することになっています。タカラヅカファンの特徴として、応援するトップスターの「らしさ」が最大限に発揮されるオリジナル新作をファンたちは何よりも好むものだと私は予想していたのですが、意外と再演、続編にも人気が集まります。「なぜなんだろう」と不思議に思っていたところ、「行動経済学」関連の書籍を読んでいて興味深い理論に出合いました。

「人間は社会的生物である」という指摘に始まる理論でした。いくら個性的な人間でも、消費の現場では「周りの人間の思考や行動」から大きな影響を受けます。「周りと同じ本を読む」「周りと同じ映画を見る」……。ヒット作が生まれる理由を、作品の質だけでなく我々人間の行動特性に見いだした理論でした。人間の行動の根底には、時間やお金といったコストをかけて選択した商品・サービスの購入では、「失敗したくない」という本能が働いているのではないかと考えるのです。

この視点に立って宝塚歌劇の再演、続編の価値を考えるとき、「ベルサイユのばら」をはじめとした数多くの名作が再演され、続編が制作されてファンを喜ばせているのは、「相棒」や「踊る大捜査線」といったドラマや映画がシリーズ化されるのと何ら変わらない現象であることがわかります。今やシリーズもの全盛の時代ですが、宝塚歌劇はずっと前からシリーズものを実践していたことになります。

「なじみ深さ」と「目新しさ」のバランス

また、再演、続編が多くの興行ビジネスで採用される理由について、そのメカニズムを深く解説する本とも出合いました。『クリエイティブ・スイッチ』（アレン・ガネット著、千葉敏生訳、早川書房）です。

なぜ我々人間は再演、続編を好むのでしょうか。キーワードは「なじみ深さ」と「目新しさ」のバランスにあるようです。

ガネット氏の論で最初に目を引くのは「使い手と一緒に価値共創する」という考え方です。これはまさに「未完成マネジメント」の要諦であり、宝塚歌劇ビジネスで小林一三翁が志向したコンセプトとなります。

ここでガネット氏が実例として取り上げているのは「フェイスブック」です。創業者のマーク・ザッカーバーグ氏のグループは、「(フェイスブック導入時に考えられるすべてのサービスを一気に導入するのではなく) 友達作りやポーク機能でユーザーをわしづかみにしておいてから、ユーザーと一緒に学んでいったことだ。そして、ユーザーが慣れるにしたがって、ゆっくりと機能を追加していったのだ」と述べ、「なじみ深さ」と「目新しさ」の絶妙なバランスを創業期に取ったことが勝因と分析しています。

先述の指摘のように、人間は個性的でありたいと願いながら、失敗することを恐れて周りの選択に影響されます。この世にない画期的な「目新しさ100%」の製品・サービスは、なかなか受け入れられないのです。

「目新しすぎれば人々は怖がって近づかなかったかもしれないし、かと言って、ありきたりすぎれば全く興味を持ってもらえない」。興行で再演、続編がブームになる理由がここにあります。

フェイスブックとタカラヅカ

ガネット氏によると、人間は見たこともないような目新しいものに直面すると、脳内で「接近欲求」と「回避反射」の両方が活性化するのだそうです。見慣れないものを見ると危険を察知して恐怖を抱きますが、同時に新しいものを知りたいという欲求も覚えるのです。ここにタカラヅカとの共通項が見えてきます。それはファンがタカラヅカに「はまる」プロセスを分析すればわかります。

「宝塚歌劇を見に行こうと友達から誘われた」という新しい体験を考えてみましょう。最初の数回は、「逃げろ」とする回避反射が「見てみよう」とする接近欲求を圧倒的に上回ります。大半の人は新しいものから身を守るために遠ざかろうとします。

しかしタカラヅカファンは、その友達の前でディープファンであることを自慢したいがために、しつこく、かつ粘り強く友達を観劇へと誘います（タカラヅカのファンは見ず知らずの人を誘うことはしません。逆に、全くの素人がコミュニティーに入ってくることを嫌います。この点はファンが宝塚歌劇の世界観を守ってくれていることにつながり、「価値共創」というタカラヅカの強み、差別化要因を一層際立たせる要因にもなっています)。

根負けする形で「怖いもの見たさ」「話のネタ」のつもりで一度観劇して感激してしまうと、人間は豹変します。その世界観に圧倒され、他にはないものを見た、経験したことを他人に話したくなり、劇場に通うようになります。このプロセスがだんだん癖になると、客が客を呼ぶ構図が出来上がっていきます。

私は、あまりいい言葉ではありませんが仕組みを理解しやすいので、この現象を「ねずみ講」方式と呼んでいます。

こうして観劇を重ね、新しいものが危険でないと理解できると、回避反射を接近欲求が上回り、「好き!」が加速度的に増していきます。するとタカラヅカの「スターシステム」の出番となります。

好きになっても、同じ配役や作品(=ロングラン公演)ではいずれ新奇性は薄れ、興味を失っていくものですが、宝塚歌劇にはそれを活性化させる仕組みがあります。ロングラン興行のスタイルをとらない宝塚歌劇では、定期的に公演が入れ替わることによって、ひいきの生徒の違った面が見られるだけでなく、虚構の産物である男役として、どんどん成長する姿をファンは確認できるのです。「おなじみ＝陳腐化」という一般的な商品・サービスが宿命づけられていることを回避できるのです。

また、陳腐化を回避するための方策としては、ほかに商品・サービスを「露出制限」させるという手法があります。高級ブランドが独占販売にこだわって高価格を維持する、つまり広く売ることよりも利益面をより重視する戦略ですが、宝塚歌劇の場合も現役生徒は一部の例外（かつてのＮＨＫ朝ドラ「ぴあの」における純名里沙さんの例など）を除いて、外部出演をしません。

顧客との価値共創から始まる「未完成マネジメント」は、ほかのビジネスに一般化していくことが可能だと私は考えています。実際、具体例も徐々に出てきています。

2. 類似ケースが次々に出現

「カープ女子」も価値共創

ここまでは「未完成マネジメント」の特色について説明しましたが、ここからはこの方式でビジネスが展開されている事例をいくつか取り上げて、皆さんのビジネスの今後の参考にしていただければと思います。

まずは、プロスポーツの代表「プロ野球」における事例研究です。取り上げるのは広島東洋カープの女性ファン「カープ女子」です。

カープといえば、近年はセ・リーグの優勝争いを演じる強豪チームになっていますが、以前はBクラス常連の地方の弱小チームというイメージでした。「市民球団」という位置づけをキープし、「金満球団」が展開するカネに糸目をつけないフリーエージェント（FA）によるスター選手獲得競争とは一線を画し、ドラフト会議ではほぼ毎年即戦力より将来性を重視した高校生を上位指名する独特の戦略を継続して取っています。前の監督の緒方孝市さんや、「神ってる」のフレーズでブレークし、4番を打つ鈴木誠也さんをはじめとするレギュラーの大部分もカープ生え抜きメンバーで構成されています。

このため、ドラフト指名の若手選手は大部分が「2軍スタート」となり、いわゆるカープ女子たちは2軍の練習も追いかけて将来のスター候補の成長具合をじっくり観察しています。そして、成長して結果を残し、1軍に昇格すると彼女たちはわがことのように喜び、さらに応援を加速することになります。

このプロセスは既に説明した宝塚歌劇の「シロウトの神格化」プロセスと同じです。注目した若手選手に自ら関わっていき（自己関与）、自分たちだけのコミュニティーを組織化するのです。

チームに資金力がなく、FAで実績ある選手を即戦力として獲得できないことによる結果なのですが、カープのドラフト→育成戦略路線は結果的に「未完成マネジメント」を実施し、顧客との価値共創によって「カープ女子」という新しいブランドを作り上げ、地方球団でありながらホームゲームは連日満員を記録しています。

「未完成住宅」ってなんだ？

「住宅は一生モノの大きな買い物」と昔からいいます。確かに、キャッシュで住宅を購入できる人などほんの一握りで、大部分は20年、30年といった住宅ローンを組んで慎重にも慎重な検討を重ねて購入しています。そして欠陥品は生命に関わる重大事に直結するため、「完成品」が求められる市場といえます。

ところが、そんな住宅に「未完成住宅」というコンセプトが登場して話題になっています。その立役者は、古い建築物の再生「リノベーション」を不動産調査・設計デザインから運営までトータルで行い、プロデュースするデザイン事務所・9（ナイン）株式会社の代表取締役CEOの久田一男氏です。久田氏はデザイナーでありながら、人口減少で生じる空き家対策につながる古民家再生と未完成住宅という二つの社会的課題の解決に取り組んでいます。

久田氏の古民家再生に臨むコンセプトは「自分が泊まりたい宿をつくる」ことにあります。彼は世界中を旅する中で、宿泊施設における多様かつ個性的なデザインが豊かな滞在空間を創造している場を体感してきました。それゆえ、日本の没個性的な滞在空間をデザイナーの力で豊かな滞在空間として再生させたい、自分が泊まりたい空間を創造したいと思ったことが始まりだといいます。それは、生産者が押し付ける「既製品」から脱皮することを意味しています。

代表作「メゾンドナイン」は、大阪市中央区安堂寺町2丁目に存在しています。築88年の三軒長屋の中央部を一軒貸ししており（他の2軒は割烹とセレクトショップ）、日本の古き良き古民家に憧れるインバウンド客を中心ににぎわっていて、稼働率（8人まで宿泊可能）は、1泊2万9千円からにもかかわらず100％に近く、月商は約100万円を計上しているといいます。

「未完成住宅」のもたらすインパクト

この古民家再生プロジェクトにおける「自分が泊まりたい宿をつくる」というコンセプトが、未完成住宅プロジェクトにそのまま引き継がれていきます。未完成住宅のコンセプトは「画一的で短命な日本の住宅に革命を。」というものです。

未完成住宅プロジェクトとは一言でいえば、顧客が50％、90％、99％というふうに完成レベルが選べて、残りを顧客がＤＩＹで完成させる住宅のことです。住宅施工をすべて生産者に「丸投げ」するのではなく、さすがに躯体部分はプロの生産者が手掛けますが、ＤＩＹとインテリアコーディネートを顧客と「価値共創」することによって、「あなたらしい家を一緒につくる」ためのプラットフォームを提供しているのです。

久田氏いわく、多くの住宅はいわば設計デザイナーによる「画一的な絵を印刷された状態」で販売され、個性がない。一方、未完成住宅はたとえるなら「真っ白な画用紙」で、そこに絵を描くのは顧客自身だといいます。壁一面だけを自分の好きな色に塗るだけで、それは画一的な商品から「あなたらしい家」に変わるということです。

例えば、幼い子供がいる夫婦が初めて戸建て住宅を購入する場合、「99％」の完成度（未完成部分は残り1％）を選択したとき、リビングの壁の一部分を未完成にして、幼い子供が好きなようにそこに色を塗ったとします。その子供が成長したとき、壁の一部分だけが不自然に塗色されているのを見て、当然不思議に思い親に聞くでしょう。すると親は「ここだけ君が小さいときに君の好きな色を塗ったんだよ」と説明します。それだけで、この家は家族にとって「特別な」「唯一無二」の空間になると思いませんか。

つまり、未完成住宅は未完成であるがゆえに使用者の自己関与性を発露させ、単なる消耗品ではない価値をもたらす存在となるのです。

久田氏は未完成住宅の紹介パンフレットで、「未完成住宅は日本をセンスがいい家、イカレタ家、あなたらしい家でいっぱいにするプロジェクトです」と語っています。顧客が住宅に深く関与し価値共創を行うことで、住宅を短期的な投機対象ではなく、古民家のごとく長く存在する資産として次世代に残していきたいと願っているのです。

あのパナソニックも

そして、常に完成品を届け続ける運命にあるはずの製造業においても、「未完成マネジメント」が進出してきました。それもわが国を代表するメーカーである「パナソニック」においてです（片山修著『パナソニック、「イノベーション量産」企業に進化する！』参照）。

同社は2018年に創業100周年を迎えましたが、同年10月末に開幕した記念イベントの講演で津賀一宏社長はこう言いました。

「あえて未完成品を世の中に出す」

顧客が製品を購入したのちに、その製品の使い勝手を高めるための商品やサービスに力点を置くと言ったのです。

その第1弾として津賀社長は、家電の利用データから「顧客一人ひとりの生活習慣」を分析し、新たな使い方を提案する新サービスを導入することを明らかにしました。まさに未完成品をベースにした顧客との価値共創によって、無制限にカスタマイズされる製品を提供して差別化を図ると宣言したのです。

津賀社長によると、そのココロは「使う人や環境により成長する余白を持たせたものを世の中に出していく」で、まさに未完成マネジメントを以後の企業戦略の中核に据えるということだと私は理解します。

例えば、「起床」という事象（考えようによってはおっくう）について、照明機器、エアコン、映像設備、音響設備、調理機器を連係させれば、起床時間に合わせてその人の好きな映像、音楽が流れ、照明が徐々に明るくなるなど、一人ひとり異なった最適な起床という「ユーザー体験」が創出できます。

こうして、いったん顧客に価値が認められるとそれ以降は、このような連係をベースとして特定のユーザーにフィットした関連製品のさらなる開発が進み、機能やデザインもより使いやすいように変えることが可能となります。

一つひとつの機器の完成度を上げるのではなく、まさに一人ひとりのユーザーとの価値共創による「未完成マネジメント」推進によって事業領域をよりサービス寄りに広げていく戦略だと言えます。

パナソニックは2014年以降、市場に投入する家電製品の多くをIoT化（モノのインターネット化）し、ネットワーク化を進めてきました。これは他の家電メーカーでも同様に取り組んでいることです。

しかし、IoT活用によるネットワーク化だけでは、従来のビジネスの延長にしかならず、他社との差別化にはつながりません。そこで上記のような顧客との価値共創に基づく「未完成マネジメント」の推進によって過当競争から一歩抜け出そうとしているのです。

資本主義の存在意義は人間の欲望を作り出し、それを消費させることにありますが、もうすでに「モノ」については飽和状態になったといわれています。つまり、単品の製品、サービスの機能をいくら強化して完成品を追求しても、企業は生き残ることができなくなってきています。そこで必要となるのは「ユーザー一人ひとりで違う」体験をさせることで、それを欲望に転化させて消費させる戦略です。

機能に関しては、時速３００キロの乗用車など一般のユーザーにはさほど価値をもたらしませんが、「ユーザー体験」に関しては進化の限界はありません。しかも、技術進化によってユーザー側からの提案を受け入れることが可能（価値共創）ですから、カスタマイズされたサービス提供という無限の可能性を秘めたビジネスになる可能性があります。

「パナソニックβ（ベータ）」

パナソニックはこのような未完成マネジメントによるイノベーションの量産化に取り組み始めています。そのプロジェクト名にパナソニックは「β」を取り入れました。

「β」とは、もともとはＩＴ用語で、ソフトウェアやサービスが「開発中」の段階にあることを意味しています。完成版の公開前に、実際にユーザーに使用してもらい評価を受けたり、バグを発見したりするために提供されるサンプル＝「試用版」という意味です。

このネーミングからわかるように、パナソニックは「β」プロジェクトを顧客との価値共創による「未完成マネジメント」実践の場にしているのです。この実践重視の手法は、トヨタの「現地現物主義」やホンダの「三現主義（現場、現物、現実）」にあるように、わが国の製造業ではなじみ深い考え方です。

「β」は完成品を尊ぶ従来の企業文化に対する明確なアンチテーゼで、過剰な完璧さ、過剰な品質、過剰な部門間のすり合わせをすべて取り払い、不完全で構わないので、できるだけ早く、数多くのトライアルを実行して、短期間で市場に製品・サービスを提供していくプロジェクトです。

プロトタイプ段階で数多くのユーザーとコミュニケーションを取り、その一人ひとり異なる、刻々と変わるニーズを取り込んだ製品・サービスを開発したり、商品化後も継続してコミュニケーションを取ることによって、さらに製品・サービスを進化させたりすることができる……このようなソフトウェア業界では当たり前に行われている手法を、製造業であるパナソニックが取り入れる時代になったということなのです。

「未完成マネジメント」の展開可能性と宝塚歌劇

宝塚歌劇のマネジメントのポイントである「未完成マネジメント」の一般化の可能性について、アナロジカル（類推的）に「住宅業界」「家電業界」の実例を挙げてきました。

なぜこの二つの業界を取り上げたかというと、双方の「未完成マネジメント」を統合すれば、よりよいコンセプト、戦略が出来上がると考えたからです。

一言でいうと誰もが憧れる住空間、誰もがそんな暮らしをしたくなるような「ベストな暮らし方」はまだまだ定義されていません。というか、一人ひとりの感性・ニーズ・家族構成等が異なりますから、製品・サービス提供側から定義することは不可能であり、「未完成マネジメント」の立場からは定義する必要もないのです。

ということは、「未完成マネジメント」の組み合わせは無限に存在するということであり、さらに重要なことは、企業規模や売上高といった指標のみが重視されるわけではないということです。

すなわち、コンセプトが合致して、ビジネスプラットフォームが双方で有効に活用できるのであれば、世界的企業と一個人が「価値共創」できる可能性が存在するということなのです。先に取り上げた住宅業界の事例としての「未完成住宅」は、久田一男氏という「一個人」の発想から生まれてきましたが、それが日本有数のメーカーであるパナソニックとコラボする可能性が、以前に比べて格段に大きくなったということなのです。

というわけで、改めて「未完成マネジメント」の特質とは、

（1）顧客との「価値共創」が重要ポイント
（2）価値共創の前提は顧客との「信頼関係」
（3）企業規模や売上高の大小に関係なく成功の可能性が広がる
（4）東京や大阪といった中心部に存在する必要はない

ということでしたね。

わが国を代表する名経営者である小林一三翁が100年以上前に作り上げた宝塚歌劇のマネジメント手法には、現代に、そして未来に通じる「未完成マネジメント」の要諦が余すところなく盛り込まれていたということになります。

今後ますます人口減少に拍車がかかるわが国において、企業間競争も並行してますます

厳しくなります。生き残るために技術力を磨き、完成度を高めることも必要でしょうが、それにはおのずと限界があります。

最高時速３００キロの車を開発しても、今の日本では買う人はほとんどいないでしょう。むしろ、未完成状態から顧客との価値共創によって信頼を獲得し、刻々と変化する顧客ニーズに機敏に対応するプラットフォームを自ら構築するか、他社のプラットフォームに食い込む形で「未完成マネジメント」を練り上げるほうが理にかなった戦略なのではないでしょうか。

そのポイントは各社各様で、唯一の正解はないでしょう。ただ、そのヒントは第3章、第4章でご紹介した宝塚歌劇のマネジメント手法に必ずあると考えます。

終　章　タカラヅカの未来

いよいよ本書も最終章を迎えました。宝塚歌劇は105周年を超えても熱気が冷めやらない状況です。その隆盛の謎をこれまで解いてきましたが、この先、未来永劫その繁栄は続くのでしょうか。最後に宝塚歌劇の未来について、さまざまな視点から分析してみたいと思います。

ビジネスの視点から

まずビジネスの視点から分析してみましょう。

すでに説明した通り、宝塚歌劇には「垂直統合システム」（何でも自前主義）という確固たるビジネスシステムが存在しています。情報化社会である現代では、「何でも自前」でやることは逆に非効率で、「餅は餅屋に任せる」がごとく、自社にしかできない、それこそ競争力の源泉である分野以外は、得意とする企業に外注するほうが効率的と言われています。

しかしながら宝塚歌劇は、女性が男性を演じるという唯一無二の「虚構」の世界観がその競争力・差別化の源泉になっていることと、強固なファンクラブ会員が「リピート」することによって支えられていることから、これから先も「タカラヅカの美意識・世界観を知り尽くした身内」で作品を「創って・作って・売る」ことが繁栄の必要十分条件であるといえます。

従って、ライブビューイング事業のように、宝塚歌劇興行の主催者である阪急が主導権を握りつつ、かつ投資もすることなく顧客とのタッチポイント（顧客接点）を増やしながら、同時に課金ポイントにもなる極めて利益率の高い事業へのブランド拡張を進めていけば、このビジネスシステムは相変わらず弱点の見当たらないシステムとして存続・発展していくものと考えられます。

カルチャーとしての視点から

政府の重点政策にも挙がっている「クールジャパン」。日本の文化を世界に紹介し、日本への関心を深化させ、ビジネスチャンスを開拓するだけでなく、訪日客の増加へとつなげようとする政策ですが、宝塚歌劇はクールジャパン政策が検討、実施されるはるか前から世界へと目を向けた活動を行っています。

宝塚歌劇の活動における大きな特徴に「海外公演」があります。海外公演の位置づけは、収益事業というよりはむしろ「ＣＳＲ（企業の社会的責任）」的側面のほうが大きいと思います。それは阪急という一企業の枠を超え、いわば国益の一部を背負ってきたと言っても過言ではありません。

宝塚歌劇は１９３８年の「第1回ヨーロッパ公演」以来、当初は欧米を中心に世界各地で公演活動を展開してきました。

直近では香港、中国本土、韓国、台湾とアジアにその比重は移り、２０１３年と２０１５年、そして２０１８年には台湾公演を実施しました。特に２０１３年の台湾公演は２０１１年に発生した東日本大震災の際に台湾から受けた多大なる復興支援への返礼という大きな目的がありました。

しかし、ＣＳＲとは言っても、宝塚歌劇側にもいろいろな思惑があるでしょう。アジアにおいて新規市場を開拓したいという思いは当然でしょうし、新規顧客開拓の可能性が大きいからこそ連続して台湾公演を実施しているともいえます。台湾や香港、そして韓国といった近隣アジア諸国は、宝塚歌劇「全国ツアー」の延長線上に位置する、宝塚歌劇事業の将来戦略にとって非常に重要な要素となってきています。

今現在は客席稼働率がマックスに近いため、インバウンド客の受け入れを積極的に実施してはいませんが、近い将来、宝塚歌劇も日本人の少子化、人口減少のあおりを受けることが予想されますから、国の観光政策に歩調を合わせて、海外での顧客開拓や送客に関するノウハウの習得が大きな課題になることと思われます。

アジア市場の開拓においても、小林一三翁の崇高な理念を実現していけば、宝塚歌劇はわが国固有のカルチャーとしてもさらに認知度が高まり、宝塚歌劇の存在感はますます大きくなっていくことと思います。

地域振興の視点から

皆さん、「(アニメ)聖地巡礼」という言葉を聞いたことがありますよね？　アニメやテレビ番組の舞台となった場所にファンが実際に訪れてさまざまな活動を展開していく、観光分野で注目されている現象です。

「らき☆すた」の埼玉県久喜市(旧鷲宮町)や「けいおん！」の滋賀県豊郷町など、全国いたるところに聖地が展開されていっています。このブームの最大の特徴は、有名な、大きな観光資源がなくても、アニメ等の作品に取り上げられる（と推測されるものも含みます）だけで、そのファンたちが全国、海外からその聖地に足を運んでくれるというところにあります。

地域に住む人たちにとっては、その作品を知らない限り、突然の異次元の来訪者に戸惑うことになりますが、埼玉の「らき☆すた」の事例のように、地域ぐるみでその異邦人たちを迎え入れることができれば、地域振興の大きな起爆剤になることが全国各地で証明されてきています。

宝塚歌劇の本拠地である宝塚大劇場が立地する兵庫県宝塚市は、この聖地巡礼ブームのまさに先駆け的存在といえます。観劇チケットを持っている方だけでなく、「入り待ち・出待ち」を目的に劇場にやってくるファンも大勢います。

聖地の対象は劇場施設だけでなく、「花のみち」や生徒がよく立ち寄るとされるお店など多岐にわたっています。と同時に、それは生産者側である宝塚歌劇が意図しなくても、消費者側であるファンが勝手に聖地を創造してくれるという、願ってもない展開になっています。

地域振興やそれとエンターテインメントとの関係性に興味を持っていらっしゃる方は、ぜひ本拠地の宝塚大劇場に足を運び、あわせて周辺をご覧になってみてください。何かしらのヒントがつかめるはずです。

あえて課題を挙げれば……

このように、ビジネスモデルとしては弱点の見当たらない宝塚歌劇ですが、今後の課題を「あえて」挙げるとするならば「男役」の個性でしょうか。

最近、特に古くからのタカラヅカファンの方々のご意見でよく耳にするのは、「男役らしい男役が少なくなってきた」「みんな同じに見える」というものです。

確かに私自身、ここ数年の男役トップスターの顔ぶれを見たときに、「らしい」と正面切って言えるのは星組トップを務めた「柚希礼音」さんくらいでしょうか。

私がプロデューサーを務めていた1990年代後半あたりは、現在も宝塚歌劇団理事の要職にありながら、現役で舞台の主演を務めている「轟悠」さん（当時は雪組トップ）や、バラエティー番組でもおなじみの「真琴つばさ」さん（当時は月組トップ）、そして先述の「真矢みき」さん（花組トップ）といった個性的な方々がトップスターとして君臨していらっしゃいました。

この当時と比べても、トップスターが「小粒」「没個性的」になったという、古くからのファンの方々がなさる評価は妥当かなという気はします。

かといって、現在のところ観客動員が落ちているわけではありませんので、「虚構」（この世にはないもの）を追いかける宝塚歌劇ファンの心理は不変であるといえます。それを考えると、逆にいえば世の中の「理想の男性像」のほうが変化しているのかもしれませんね。

ただ、私自身は、古くからのファンの方々同様、「男役らしい男役」が少しでも多く出てきてほしいと願う一人です。

宝塚歌劇は、これから「２００年」へ向けて歩みを進めていきます。宝塚歌劇の謎を解くことを通して、現在の隆盛ぶりの秘密を探ってきましたが、この旅もそろそろ終わりです。

今後もファンの方々と共に、宝塚歌劇をウォッチングし続けてまいります。宝塚歌劇のさらなる発展を祈念して筆をおきます。

森下信雄 もりした・のぶお

阪南大学流通学部准教授。1963年、岡山県生まれ。86年、香川大学卒業後、阪急電鉄に入社。98年、宝塚歌劇団に出向。制作課長、星組プロデューサー、宝塚総支配人などを歴任。2011年、阪急電鉄を退職、関西大学等で講師に。18年、阪南大学流通学部専任講師、19年から現職。著書に『元・宝塚総支配人が語る「タカラヅカ」の経営戦略』。

朝日新書
743

タカラヅカの謎《なぞ》

300万人を魅了する歌劇団の真実

2019年12月30日第1刷発行

著　者　森下信雄

発行者　三宮博信

カバーデザイン　アンスガー・フォルマー　田嶋佳子

印刷所　凸版印刷株式会社

発行所　朝日新聞出版

〒104-8011　東京都中央区築地5-3-2
電話　03-5541-8832（編集）
　　　03-5540-7793（販売）

Published in Japan by Asahi Shimbun Publications Inc.
ISBN 978-4-02-295050-5
定価はカバーに表示してあります。

落丁・乱丁の場合は弊社業務部(電話03-5540-7800)へご連絡ください。
送料弊社負担にてお取り替えいたします。

新版 知らないと損する 池上彰のお金の学校

池上 彰

銀行、保険、投資、税金……生きていく上で欠かせないお金のしくみについて丁寧に解説。給料の決められ方、格安のからくり、ギャンブルの経済効果など納得の解説ばかり。仮想通貨や消費増税、キャッシュレスなど最新トピックに対応。お金の新常識がすべてわかる。

水道が危ない

菅沼栄一郎
菊池明敏

「日本の安全と水道は問題なし」は幻想だ。地球二回り半分の老朽水道管と水余り、積み重なる赤字で日本の水道事業は危機的状況。全国をつぶさにルポし、国民が知らない実態を暴露し、処方箋を探る。これ一冊で、地域水道の問題が丸わかり。

大江戸の飯と酒と女

安藤優一郎

泰平の世を謳歌する江戸は、飲食文化が花盛り！田舎者の武士や、急増した町人たちが大いに楽しんだ。武士の食べ歩き、大食い・大酒飲み大会の様子、ブランド酒、居酒屋の誕生、出会い茶屋での男女の密会――。日記や記録などで、100万都市の秘密を明らかにする。

寂聴　九十七歳の遺言

瀬戸内寂聴

「死についても楽しく考えた方がいい」。私たちはひとり生まれ、ひとり死ぬ。常に変わりゆく。かけがえのないあなたへ贈る寂聴先生からの「遺言」――私たちは人生の最後にどう救われるか。生きる幸せ、死ぬ喜び。魂のメッセージ。

知っておくと役立つ　街の変な日本語

飯間浩明

朝日新聞「be」大人気連載が待望の新書化。国語辞典の名物編纂者が、街を歩いて見つけた「まだ辞書にない」新語、絶妙な言い回しを収集。「昼飲み」の起源、「肉汁」は「にくじる」か「にくじゅう」か、などなど、日本語の表現力と奥行きを堪能する一冊。

中国共産党と人民解放軍

山崎雅弘

「反中国ナショナリズム」に惑わされず、人民解放軍の「真の力〈パワー〉」の強さと限界に迫る！　国共内戦、朝鮮戦争、文化大革命、中越紛争、尖閣諸島・南沙諸島の国境問題、米中軍事対立、そして香港問題……。軍事と紛争の側面から、〈中国〉という国の本質を読み解く。

早慶MARCHに入れる中学・高校
親が知らない受験の新常識

矢野耕平
武川晋也

中・高受験は激変に次ぐ激変。高校受験を廃止する有力中高一貫校が相次ぎ、各校の実力と傾向も5年前と一変。大学総難化時代、「なんとか名門大学」に行ける中学高校を、受験指導のエキスパートが教えます！トクな学校、ラクなルート、リスクのない選択を。

第二の地球が見つかる日
―太陽系外惑星への挑戦―

渡部潤一

岩石惑星K2-18b、ハビタブル・ゾーンに入る3つの惑星を持つ、恒星トラピスト1など、次々と発見されつつある、第二の地球候補。天文学の最先端情報をもとにして、今、最も注目を集める赤色矮星の研究を中心に、宇宙の広がりを分かりやすく解説。

俳句は入門できる

長嶋 有

なぜ、俳句は大のオトナを変えるのか!?「いつからでも入門できる」「俳句は打球、句会が野球」「この世に傍点をふるようによむ」――俳句でしかたどりつけない人生の深淵を見に行こう。芥川賞&大江賞作家で俳人の著者が放つ、スリリングな入門書。

タカラヅカの謎
300万人を魅了する歌劇団の真実

森下信雄

PRもしないのに連日満員、いまや観客動員が年間300万人を超えた宝塚歌劇団。必勝のビジネスモデルとは何か。なぜ「男役」スターを女性ファンが支えるのか。ファンクラブの実態は？ 歌劇団の元総支配人が五つの謎を解き隆盛の真実に迫る。